Das Jungen-Fragebuch

1. Auflage 2015
© Ueberreuter Verlag GmbH, Berlin 2015
ISBN 978-3-7641-7032-5
Erstausgabe © Verlag Carl Ueberreuter, Wien 2004
ISBN 978-3-8000-1588-7
Originalausgabe © Verlag Carl Ueberreuter, Wien 1992
ISBN 978-3-8000-1478-1

Umschlaggestaltung: Vivien Heinz, Henry's Lodge
unter der Verwendung eines Fotos von © Daniel Grill/Getty Images
Innenillustrationen: Johanna Hempel
Druck und Bindung: Imprint, Ljubljana
Gedruckt auf Papier aus geprüfter nachhaltiger Forstwirtschaft.

www.ueberreuter.de

Sylvia Schneider | Katrin Warnstedt

Das Jungen-Fragebuch

Wachsen und erwachsen werden

Unter Mitarbeit von
Helmut H. Erb

ueberreuter

// Darum geht's:

Sie hat mich verlassen – wie komme ich damit klar?
Wie werde ich mit meiner Eifersucht fertig?
Wie trenne ich mich von ihr, ohne ihr wehzutun?
Gehören Liebe und Sex nun zusammen oder nicht?

// sex

Wann kann man miteinander schlafen?
Was passiert beim ersten Mal?
Wie fühlt sich ein Orgasmus an?
Warum denke ich den ganzen Tag an Sex?
Meine Freundin will nicht mit mir schlafen –
liebt sie mich nicht?
Warum komme ich immer so früh?
Bin ich ein guter Liebhaber?
Was ist pervers?
Wie bekomme ich meine sexuellen Wünsche erfüllt?
Ist es schädlich, sich oft zu befriedigen?
Mädchen interessieren mich nicht – bin ich schwul?
Wie kann ich verhindern, jetzt schon Vater
zu werden?
Wie benutze ich ein Kondom richtig?
Welche Verhütungsmittel gibt es sonst noch?
Meine Freundin ist schwanger – was nun?
Wie kommt eine Schwangerschaft zustande?
Wie kann ich mich vor einer Ansteckung mit
Aids schützen?
Soll ich einen Aids-Test verlangen?
Wie schütze ich mich vor Geschlechtskrankheiten?
Ich wurde missbraucht – wo finde ich Hilfe?

// familie & freunde

Warum komme ich jetzt oft mit meinen
Eltern nicht klar?
Warum wollen meine Eltern sich trennen?
Warum mögen meine Eltern meine Freunde nicht?
Wieso glauben Erwachsene immer, dass sie
im Recht sind?

Mit meinen Freunden zusammen fühle ich mich
stark – warum traue ich mir allein kaum etwas zu?
Was muss ich bei sozialen Netzwerken beachten?
Warum sind mir meine Eltern auf einmal peinlich?

Wie kommt es, dass ich plötzlich keine Lust mehr
auf Schule habe?
Warum macht mich die Schule immer so müde?
Wieso herrscht so viel Gewalt an den Schulen?
Wie kann man sich gegen Gewalt zur Wehr setzen,
ohne selbst zuzuschlagen?
Kann ich nicht einfach von der Schule abgehen?
Wie bekomme ich mehr Taschengeld?
Darf ich einen Job annehmen?
Wie kann ich mich für etwas Sinnvolles engagieren?
Muss ich zur Bundeswehr oder zum
Bundesfreiwilligendienst?
Kann ich einen Schüleraustausch machen?

Wieso bekomme ich auf einmal so viele Pickel?
Wieso wird so viel über gesunde Ernährung
gesprochen?
Wie bekomme ich schönere Zähne?
Was muss ich beachten, wenn ich mich tätowieren
oder piercen lassen möchte?
Sind Drogen wirklich so schlimm?
Wie bekomme ich mehr Muskeln?
Wie viel Körperpflege braucht der Mann?
Was soll ich tun, wenn ich denke, ich kann nicht mehr?

Wo finde ich Hilfe, wenn ich welche brauche?

// erwachen

Du befindest dich zurzeit in einer ganz besonderen Entwicklungsphase oder stehst an der Stufe davor. Du bist auf dem Weg, ein erwachsener Mensch, ein Mann, zu werden.

Das ist mit vielen Veränderungen in deinem Leben verbunden: Du möchtest dich nun von deinen Eltern allmählich endgültig abnabeln, entwickelst zu vielen Dingen andere Ansichten als sie, willst mit neuen Freunden auf die Piste, dich verlieben, Sex haben, viele nette Mädchen kennenlernen, auf die erste große Liebe treffen, kurz und gut: Du wirst erwachsen und willst dich auch so verhalten.

Zum ersten Mal in deinem Leben verfolgst du deine eigene Entwicklung bewusst mit und möchtest sie selbst steuern. Da das für dich und deine Eltern völlig neu ist, sind Krisen und Missverständnisse unausweichlich. Nicht umsonst sagt man:»Pubertät ist, wenn die Eltern seltsam werden!«

Bei den meisten Problemen, die dich beschäftigen, handelt es sich jedoch um ganz normale Probleme von Jugendlichen, die auf dem Weg zu einer eigenen Persönlichkeit sind. Manche sind noch nicht einmal Probleme, sie erscheinen dir vielleicht nur so, weil du dich noch nicht mit ihnen auskennst oder nicht weißt, was dahintersteckt. Insofern lassen sich viele Schwierigkeiten mit Wissen, Diplomatie und Verständnis für die anderen regeln. Entscheidend ist aber, dass du für dich selbst Verständnis hast und begreifen kannst, was in dir und mit dir passiert.

Dabei will dir dieses Buch helfen. Es soll Antworten auf die wichtigsten Fragen geben, die dich berühren und beunruhigen könnten. Das meiste im Leben wird bedeutend einfacher, wenn man weiß, was los ist. Und nur dann kann man auch wirklich Entscheidungen treffen.

Jungen erleben ihre Pubertät anders als Mädchen. Das wirst du sicher an deinen Freundinnen merken. Sie entwickeln sich körperlich und seelisch auf ihre eigene Weise, erleben die Sexualität anders, kommen zu einer anderen Einschätzung, was viele Dinge des Lebens angeht. Deswegen ist dieses Buch für Jungen gedacht. Natürlich können es auch Mädchen lesen, die über ihren Tellerrand hinausschauen und wissen wollen, wie sich Jungen entwickeln, wie sie denken und fühlen. Aber selbstverständlich kommt ebenfalls einiges darin vor, was du über Mädchen wissen willst.

Erwachsen werden ist nicht nur ein spannendes Abenteuer, sondern oft ein ziemlich anstrengendes, weil sehr viel Neues von außen und innen auf einmal auf dich einstürmt. Es gibt Unmengen von interessanten Sachen zu entdecken. Du wirst dich zum Teil ganz verträumt, zum anderen aber auch ganz wach und klar fühlen. Mal hast du gute Laune, mal hängst du total durch. Das sind ganz normale Erscheinungen deines Alters. Versuche einfach, diese innere Vielfalt zu genießen. Nie wieder im Leben wirst du in dieser Weise die Chance haben, über alte Möglichkeiten hinauszuwachsen und sowohl körperliche als auch geistige und seelische Veränderungen wahrzunehmen und auszukosten – ohne gleich hundertprozentig zur Verantwortung gezogen zu werden.

Ist es normal, dass ich mit 15 noch nicht in der Pubertät bin, aber alle meine Freunde schon?
Ja, völlig. Jeder Junge hat sein eigenes Tempo.

Warum gucke ich neuerdings immer Mädchen hinterher?
Weil dein Sexualtrieb allmählich richtig erwacht.

Wieso finde ich auf einmal blöd, was Erwachsene sagen?
Weil du dir nun eine eigene Meinung bildest.

Ich verstehe mich manchmal selbst nicht.
Du lernst dich ja jetzt erst kennen!

Vor der Zukunft habe ich manchmal Angst – ist das normal?
Ja. Jeder Mensch hat Angst. Erwachsene übrigens auch, gerade in wirtschaftlich ungünstigen Zeiten.

Warum bin ich in letzter Zeit in so wechselhafter Stimmung?
Weil deine Hormone zurzeit mit dir Tango tanzen.

Warum fühle ich mich plötzlich so hässlich und linkisch?
Du wächst an manchen Stellen unterschiedlich schnell und musst erst auswachsen. Das geht aber bald vorbei.

// Wann beginnt die Pubertät?

Im Allgemeinen beginnt diese Entwicklungsphase um das 11. Lebensjahr herum und ist ungefähr mit 18 Jahren abgeschlossen. Jungen kommen etwa anderthalb Jahre später in die Pubertät als Mädchen. Dieser Entwicklungsunterschied gleicht sich aber nach einiger Zeit wieder aus. Jungen und Mädchen in den Industriestaaten – also Europa und USA – erleben die Pubertät früher als Kinder in anderen Ländern, ganz besonders als die in den Entwicklungsländern. Warum das so ist, weiß man noch nicht so genau. Wahrscheinlich wird der Beginn der Pubertät von einer Reihe von Dingen beeinflusst. Fachleute sind beispielsweise der Ansicht, dass vor allem die ausreichende Ernährung und unsere günstigen Lebensbedingungen dafür verantwortlich sind. Früher hatten die Menschen oft nicht genug zu essen und lebten allgemein schlechter – vor allem in unhygienischeren Verhältnissen – als wir heute. Möglicherweise spielt auch Stress eine Rolle. Andererseits ist aber auch Vererbung ein ganz wesentlicher Punkt. Wahrscheinlich aber beeinflussen sich all diese Umstände gegenseitig.

Ob du selbst nun mit 11 oder mit 15 Jahren in die Pubertät kommst, lässt sich nicht vorhersagen. Beides ist gleichermaßen normal, und es braucht dich nicht zu beunruhigen – egal, ob du dich nun besonders früh oder besonders spät entwickelst.

// Warum ist plötzlich alles ganz anders?

Oft macht sich der Eintritt der Pubertät für einen Jungen so bemerkbar: Du wachst eines Morgens auf und spürst, dass du dich verändert hast und mit dir die Welt. Wenn ein Junge zum Mann wird, werden viele innere und äußere Dinge anders. Die Veränderungen können ganz allmählich vonstattengehen, sodass du dich langsam daran gewöhnen kannst, aber auch in einem Schub, sodass du dich richtig überfallen fühlst. Vor allem dein Sexualtrieb wird dich wahrscheinlich sehr drängen. Der erste Samenerguss kann schon lange passieren, bevor dir bewusst wird oder zu sehen ist, dass du nun erwachsen wirst. Auch wenn du dich noch nicht wie ein ausgewachsener Mann fühlst: Vom ersten Samenerguss an kannst du ein Kind zeugen und Vater werden.

Die Pubertät ist eine Zeit des Übergangs: Dein Leben wird schwieriger, weil du dabei bist, dich zu einem selbstständigen Menschen zu entwickeln. Die meisten Menschen glauben, das Wichtigste an der Pubertät seien die körperlichen Veränderungen. Sie sind jedoch lediglich die sichtbarsten. Was dich genauso beschäftigen wird, sind die psychischen Veränderungen, die daran gekoppelt sind oder mit dem Erwachsenwerden allgemein zu tun haben.

Bei jedem Jungen setzen diese Veränderungen zu einem anderen Zeitpunkt ein, der sich nicht vorhersagen lässt. Auch kann man nicht vorhersehen, wie du damit fertig wirst, denn das hängt nicht nur vom Tempo deiner ganz persönlichen körperlichen Entwicklung ab, sondern auch davon, was für ein Mensch du bist, welche Fähigkeiten du mit auf die Welt bekommen hast, in welchen Verhältnissen du lebst, wie du damit klarkommst, wie deine Eltern gestrickt sind und welche Vorbilder du dir gesucht hast.

Allein daraus wird schon deutlich, dass all deine Freunde (und Freundinnen) sich in einer völlig anderen Phase befinden können als du oder mit anstehenden Problemen besser oder schlechter fertig werden. Während du dich schon für ein Mädchen interessierst und oft onanierst, spielt dein bester Freund vielleicht noch irgendwelche Kleinjungenspiele oder »sogar« noch mit Mädchen. Oder andersherum: Einer deiner Klassenkameraden hat bereits ein richtig großes Glied und deines ist noch ganz kindlich. Während du dich selbst vielleicht hässlich, unbeholfen und linkisch fühlst, tritt dein gleichaltriger Cousin möglicherweise schon supercool auf. Das ist einer der Gründe, warum du dich in der Zeit der Pubertät manchmal ganz besonders einsam fühlen kannst. In gewisser Hinsicht verstärkt sich dein Abstand zu allen anderen Menschen, weil du dich mehr und mehr als Einzelwesen fühlst.

Mit deinen Eltern wirst du – wahrscheinlich zum ersten Mal in deinem Leben – ziemlich sicher handfeste Streite ausfechten. Vieles von dem, was sie sagen und tun, wird dir auf einmal peinlich sein. Eine Zeit lang wirst du unter Umständen glauben, dass deine Eltern die letzten Spießer sind und nur du allein mit so unmöglichen Eltern geschlagen bist. Andererseits sind deine Eltern dir wohl auch die liebsten Menschen auf der Welt. Diese zwiespältigen Empfindungen können ein Gefühl der Einsamkeit in dir auslösen, können dir aber auch die Chance geben, Mutter und Vater noch einmal ganz neu kennenzulernen.

Du entwickelst für alles neue Sicht- und Denkweisen. Du merkst auf einmal, dass es nicht nur den einen Weg gibt, den deine Eltern in ihrem Leben gehen, sondern ganz viele verschiedene, und dass du auch selbst ausprobieren oder entscheiden willst, welchen du für dich am besten findest. Die Pubertät ist keine Zeit der Halbherzigkeiten oder faulen Kompromisse. Du willst jetzt alles ganz genau wissen. Konsequenz im Denken und Handeln ist für dich besonders wichtig. Dein Horizont erweitert sich täglich, und du lernst mit Riesenschritten dazu.

Was dir wahrscheinlich zu schaffen machen wird, sind unerklärliche Gefühlsumschwünge oder -ausbrüche, die dich von Zeit zu Zeit überfallen. Oft weißt du selbst nicht, was mit dir los ist.

// Warum ist meine Laune heute so, morgen so?

Du bist jetzt wahrscheinlich häufig launisch und gereizt und könntest vor allem dann in die Luft gehen, wenn dich jemand darauf anspricht. Manchmal bist du vielleicht auch extrem empfindlich und fühlst dich schnell in deiner Ehre gekränkt. Jeder hat von Zeit zu Zeit unangenehme Gefühle. Kein Mensch ist immer gleich gut drauf. Auch deine Eltern oder Lehrer sind ja bekanntermaßen manchmal schlecht gelaunt und fahren leicht aus der Haut. Jeder Mensch muss im Laufe seines Lebens lernen, mit negativen Gefühlen fertig zu werden, doch es gelingt nicht immer gleich gut und schon gar nicht auf Anhieb.

An anderen Tagen sprühst du bestimmt vor Lebensfreude und Unternehmungslust. Du möchtest überall herumheizen und alles gleichzeitig entdecken. Du reißt alle anderen mit deiner Fröhlichkeit mit und wirst dich über viele Dinge ausschütten vor Lachen. Vor allem möchtest du Bäume ausreißen und traust dir sonst auch alles Mögliche zu. Mit deinen Freunden kannst du so übermütig sein, dass Außenstehende sich nur noch an den Kopf fassen.

Dass es dir jetzt mal so, mal so geht, liegt an den Hormonen, die in deinem Körper vermehrt gebildet werden. Sie bestimmen nämlich auch dein Befinden ganz wesentlich mit. Vor allem das männliche Testosteron drängt sich nun in den Vordergrund. Solange die Hormonbildung sich noch nicht richtig eingependelt hat, wirst du diese Gefühlsachterbahn bei dir feststellen. Zum anderen merkst du jetzt einfach auch mehr, du beginnst dich selbst zu spüren. Dazu gehört, dass du dich manchmal selbst nicht mehr richtig mit dir auskennst.

Gefühle können verwirren und aufwühlen. Sie können wunderbar, machtvoll und herrlich sein, sie können aber auch Angst machen. Manchmal treffen sie einen mit einer solchen Wucht, dass man sich kaum vorstellen kann, wie es danach noch weitergehen kann. Das kann beispielsweise beim ersten echten Liebeskummer so sein. Manchmal glauben wir auch, dass wir von unserer eigenen Stimmung erschlagen werden, vor allem wenn es sich um miese Gefühle handelt – wie Wut, Rache, Hass, Selbstzweifel oder Angst. In diesem Chaos von Gefühlen merken wir plötzlich, wie dicht sie nebeneinanderliegen können, dass wir gleichzeitig lieben und hassen, eifersüchtig und selbst untreu, wütend und sanft sein können. Hin- und hergerissen bist du garantiert zwischen der Lust, richtig mit einer Frau Sex haben zu wollen, und der Angst, dabei alles falsch zu machen. Oder der Vorfreude, bald auf eigenen Füßen zu stehen, und andererseits der Furcht davor. Das strengt an und kann dazu führen, dass du dich von anderen Menschen zurückziehen möchtest, dass du aus heiterem Himmel mit ihnen streitest, sie heftig angreifst, dass du ohne erkennbaren Grund herumbrüllst, heimlich weinst oder wie abgedreht lachst. Jeder muss lernen, mit seinen Gefühlen fertig zu werden. Mit den guten Gefühlen ist das wohl kaum ein Problem. Mit schlechten kann das aber sehr wohl problematisch sein. Manchmal sind sie so stark, dass sie irgendwie aus einem herausmüssen und sich gelegentlich da einen Weg bahnen, wo sie nicht hingehören.

Sehr erleichternd ist es, wenn du mit anderen darüber sprechen kannst.

Vielleicht vertraust du deinen Kummer und deine Freude auch einem Tagebuch an. Manche Jungen aber schreiben in dieser Zeit Gedichte, kleine Geschichten, zeichnen, singen, komponieren, spielen ein Instrument oder hören laut Musik, wenn sie in besonderer Stimmung sind. Manche Jugendliche, die mit ihren negativen Gefühlen nicht fertig werden, wenden ihre Energien auch gegen sich selbst, indem sie zu wenig schlafen, zu viel oder zu wenig essen, Drogen nehmen, sich beim Sport oder in der Disco bis zur Erschöpfung anstrengen. Damit wollen sie ihren bewussten oder unbewussten Kummer vergessen, doch das bringt sie sicher nicht weiter.

Natürlich muss man seine Gefühle in irgendeiner Form ausdrücken. Sie darf jedoch einem selbst und anderen nicht wehtun oder in irgendeiner Weise schaden. Wer negative Gefühle nicht irgendwie rauslässt, wird auf Dauer krank und in manchen Fällen auch aggressiv oder gewalttätig. Die Pubertät scheint also eine sehr widersprüchliche Sache zu sein. So als würdest du über Nacht erwachsen werden, obwohl du noch ein Kind bist. Einerseits bedeutet das mehr Freiheit und Unabhängigkeit für dich, andererseits aber auch mehr Verantwortung. Es ist ganz klar, dass du dich da oftmals ganz allein fühlst und von deinen Gefühlen regelrecht überwältigt wirst. Wenn die Menschen um dich herum dich ernst nehmen und verstehen, dass du eine ganz wichtige Entwicklung durchläufst, wird vieles etwas einfacher für dich. Sind sie aber selbst überfordert damit, dass du nun erwachsen wirst, kann das deine Lage erheblich erschweren. So oder so wirst du vielleicht manchmal das Gefühl haben, dass dich keiner versteht oder deine Eltern dich nicht mehr richtig lieb haben.

Du wirst in Zukunft eine ganze Menge Dinge ausprobieren, die nicht immer von Erfolg gekrönt sind – gerade im Umgang mit anderen Menschen. Das geht allen so. Du darfst dich dadurch nicht entmutigen lassen. Der beliebte und deshalb etwas nervige Satz »Übung macht den Meister« hat durchaus seine Berechtigung. Und deswegen ist es auch gut, wenn du immer noch in die Geborgenheit deiner Familie zurückkehren kannst.

// Wer bin ich eigentlich?

Die existenziellen Fragen »Wer bin ich? Wo komme ich her? Wo gehe ich hin?« bewegen die meisten Menschen ihr Leben lang. Sie sind die wichtigsten Fragen des Menschseins überhaupt. Aus ihnen sind die Weltreligionen erwachsen. Diese Fragen werden auch dich zurzeit bewegen: Wer bin ich eigentlich, wohin wird mich mein Weg führen, und was soll das eigentlich alles für einen Sinn haben? Kommt es dir nicht auch manchmal so vor, als würdest du in einem Film leben, in dem du dir selbst zuschaust? Wie oft hast du als Kind in den Spiegel geguckt und Grimassen geschnitten? Nun hast du sicher manchmal das Gefühl, als würdest du dich zum ersten Mal richtig sehen. Du kommst dir bestimmt manchmal unwirklich und gar nicht mehr vertraut vor. Das liegt natürlich auch daran, dass sich dein Äußeres tatsächlich verändert. Es interessiert dich mehr, wie du jetzt aussiehst. Du nimmst viele Einzelheiten an dir erstmals richtig wahr – etwa deine Augen, deine Behaarung, deine Muskeln, deinen Penis, deinen Po. Gleichzeitig fängt es nun an, in deinem Kopf zu rumoren. Er denkt mit dir viele neue Dinge, die aufregend, aber auch beängstigend sein können.

Das ganze Leben ist ein einziger Entwicklungsprozess. Der Mensch bleibt nie im Stillstand. Das ist auch gut so, denn wenn man nicht immer noch etwas zu lernen hätte, wäre das Leben ja langweilig. Doch in der Pubertät macht man die entscheidendsten Schritte in der Entwicklung seiner Persönlichkeit durch. Da passiert ziemlich viel auf einmal. Zwar bist du schon als Kind eine ausgeprägte Persönlichkeit gewesen, doch jetzt bilden sich weitere Charaktereigenschaften aus. Vor allem entwickelst du deine eigene Meinung und deine eigenen Vorstellungen vom Leben.

// Ich fühle mich in meinem Körper unwohl – wie kommt das?

Als Kind empfindet man seinen Körper als etwas völlig Selbstverständliches. Er ist unsere Wohnung, die wir in dieser Zeit nicht infrage stellen. In der Pubertät fängt jeder Mensch an, sich selbst zu beobachten. Eine Zeit lang während des Wachstums entwickelt sich alles unterschiedlich schnell. Die

Arme hängen dann beispielsweise so lang am Körper herunter, dass sie dir das Gefühl vermitteln, immer im Weg zu sein. Die Beine können so in die Höhe geschossen sein, dass du glaubst, darüber stolpern zu müssen. Oder die Nase sitzt vermeintlich so groß im alten Kindergesicht, dass du das Gefühl nicht loswirst, alle würden nur darauf starren.

So fühlen sich junge Menschen manchmal unharmonisch und linkisch in ihren Bewegungen. Es kann auch sein, dass der Körper schneller wächst als die Seele. Das bedeutet, dass du einen fast ausgewachsenen Körper hast, dich aber noch fühlst wie ein Kind. Es ist bloß eine Frage der Zeit, bis sich das wieder gibt. Manche Jungen mögen ihren Körper dann aber auch noch immer nicht. Das liegt daran, dass alle Jungen unter dem Eindruck des Männlichkeitsideals groß werden, das einen möglichst starken, muskulösen und perfekten Körper vorschreibt. Und das ist eben ein Ding der Unmöglichkeit: Es gibt keinen perfekten Menschen, denn schließlich werden wir nicht in einer Fabrik angefertigt.

Du musst lernen, dich nicht ständig mit den Augen anderer zu sehen, sondern mit deinen eigenen. Sich selbst mögen lernen, wie man ist, heißt die Zauberformel. Aber wie macht man das?

Das ist für viele Menschen eine große und schwierige Frage. Jungenkörper werden von frühester Kindheit daraufhin betrachtet, ob sie gesund und kräftig sind. Mädchen werden vor allem daraufhin überprüft, ob sie hübsch und anmutig sind. Keine andere Tugend wird bei Mädchen so hoch bewertet wie das Aussehen. Hässlich ist dabei alles, was nicht dem gängigen Schönheitsideal entspricht. Und das ist eine ganze Menge.

Bei Jungen hingegen zählen Stärke und Durchsetzungsfähigkeit. Ihnen wird lieber mal kräftig auf die Schulter gehauen oder ein derbes Kompliment losgelassen – völlig egal, ob ihnen das guttut oder nicht. Jungen merken ziemlich schnell, dass sie nicht so »niedlich« sind wie Mädchen, sondern erst mal etwas leisten müssen, um Anerkennung zu bekommen. Zudem stehen auch Jungen heute unter dem Diktat des Schönheitsideals. Sie sollen kein Gramm Fett und einen Körper haben, der durchgestylt ist wie bei einem Model. Das übt mittlerweile nicht nur auf Jungen, sondern auch auf Erwachsene einen enormen Druck aus. Viele sind von ihrem Jugendlichkeitswahn derartig besessen, dass sie vor keinem Mittel zurückschrecken, sich selbst irgendwie dahinbiegen zu lassen – seien es große Operationen, obskure Medikamente oder kosmetische Eingriffe. Das Dümmste daran ist: Sie wollen alle gleich aussehen. Am Ende dieses Verstümmelungsprozesses erinnern viele an Frankenstein.

Hässlich ist jedoch nur, was wir hassen lernen oder wovor wir Angst haben. Leider verführt uns das auch selbst dazu, uns über andere zu mokieren. Wenn du ehrlich bist, hast du bestimmt schon einmal über das Aussehen oder die Schlappheit von anderen Jungen gelästert. Da wir wissen, wie sehr uns gehässige Bemerkungen über uns wehtun, sollten wir sehr vorsichtig mit anderen umgehen – man weiß ja nie, was man damit anrichtet und wie sehr man jemanden kränkt, auch wenn dieser das nie zugeben würde. Selbst scherzhafte Bemerkungen über das Aussehen verletzen das Selbstwertgefühl von Jungen manchmal so nachhaltig, dass sie sich in ihrem Körper nicht mehr wohlfühlen, ja dass sie sich als Ganzes infrage gestellt fühlen. Das kann dazu führen, dass sie sich besonders aggressiv verhalten, dass man kaum an sie herankommt, dass sie sich in sich verkriechen und praktisch den Kontakt zur Außenwelt verweigern oder mit aller Macht versuchen, sich Muskeln zuzulegen oder irgendeine Stellung zu erreichen, die ihre vermeintliche Schwäche wieder wettmacht. Manche versuchen, diese Unsicherheit mit besonderer Gewaltbereitschaft zu kompensieren.

Doch das macht Verletzungen nicht ungeschehen. Ein Junge, der etwas zarter gebaut ist, hat vielleicht weniger Möglichkeiten, in dem herkömmlichen Männlichkeitsideal eine

Nische für sich zu finden. Nur wer sich selbst für liebenswert hält, kann anderen ihre Liebe glauben, das entgegengebrachte Gefühl und den Menschen, der es schenkt, ernst nehmen. Wenn ein Junge beschließt, sich okay zu finden, sich selbst zu mögen, bekommt er Anerkennung, die sich nicht mehr an seinem äußeren Erscheinungsbild und seinen körperlichen Leistungen festmacht. Wenn dir das schwerfällt, kannst du im nächsten Kapitel ein paar Tipps finden, die dir helfen sollen, dich selbstbewusster zu fühlen.

// Wie werde ich selbstbewusster?

Die Art, wie du auf andere wirkst, ist immer ein Spiegel deines eigenen Befindens. Trottest du traurig und deprimiert die Straße entlang, hängen deine Schultern so tief, dass sie fast den Boden berühren, senkst du den Blick auf deine Füße, strahlst du auch etwas Negatives aus. Gehst du gut gelaunt, erhobenen Hauptes, gerade, mit nach hinten gezogenen Schultern und zielstrebig, bietest du schon ein ganz anders Bild! Leg ruhig mal einen Gang zu, du wirst sehen, dass du dich energischer und besser fühlst. Versuch einmal, auf der Straße jemanden anzulächeln. In den meisten Fällen lächelt derjenige zurück. Ganz automatisch. Die meisten Menschen wollen gern positive Personen um sich herum haben, weil es ihnen selber ein gutes Gefühl gibt. Du umgibst dich sicher auch lieber mit Leuten, mit denen du lachen kannst, als immer von der schlechten Stimmung anderer heruntergezogen zu werden. Klar, dass du nicht jeden Tag vor guter Laune sprühst, aber du kannst durchaus lernen, das Leben eher von der positiven Seite zu betrachten, und das hat direkt mit deinem eigenen Selbstvertrauen zu tun.

Du wirst auch sicher schon bemerkt haben, dass es in deiner Umgebung stille, sogenannte introvertierte, und etwas lautere, extrovertierte Menschen gibt. Letzteren fällt es oft leichter, durchs Leben zu gehen, als den stillen Typen. Logisch, sie wirken erst mal offener, positiver, mitreißender. Das heißt aber nicht, dass der stille Teil der Menschheit nicht auch diese Eigenschaften hätte, er teilt sie nur nicht sofort mit allen anderen. Er braucht eine längere Zeit, um zu jemandem Vertrauen aufzubauen, und oft braucht man ein bisschen Geduld, um von ihm etwas zu erfahren, was der Extrovertierte schon im ersten Gespräch erzählt.

Sicher weißt du schon, zu welchem Typ du dich zählst, es kann aber auch sein, dass du dich gerade von einem extrovertierten Kind in einen introvertierten Teenager verwandelst. Das ist nicht ungewöhnlich, weil du jetzt mehr über dich und die Welt nachdenkst. Wenn es dir damit gut geht, ist alles bestens, wenn es dir allerdings zunehmend schwerer fällt, auf deine Mitmenschen zuzugehen und es für dich möglicherweise zu einem echten Problem wird, dann solltest du dich damit auseinandersetzen, und zwar je eher desto besser, denn je länger du in bestimmten Verhaltensweisen verharrst, desto schwerer wird es dir fallen, sie später wieder abzulegen.

Wenn du also eher der schüchterne Typ bist, versuch einmal, deine Stimme im täglichen Umgang mit deinen Mitmenschen etwas lauter zu erheben, setz dich in der Schule nicht dorthin, wo dich möglichst keiner sieht, setz dich nach vorn und mach den Mund auf! Trau dich, etwas zu fragen. Viele Menschen haben in größerer Runde Angst, sie könnten etwas Dummes sagen und würden vielleicht ausgelacht. Viele Dinge sind dir in deinem Alter schnell peinlich, aber sei dir gewiss, dass die meisten Leute sehr viel offener sind, als du denkst. Oft sind sie sogar froh, dass du eine Frage stellst, die sie sich selbst nicht getraut haben, zu formulieren. Wenn du das in deinem Alter schon trainierst, erspart dir das in deinem späteren Leben sehr viel mehr Arbeit. Wenn du dabei nervös wirst, dann ist das völlig okay und besser, als wenn du versuchst, es mit aller Macht zu verbergen. Hast du es ein paar Mal probiert, wird die Nervosität immer weniger. Wenn du das nicht gleich in deiner Klasse schaffst, dann probiere es ruhig einmal in einer anderen Gruppe aus, beispielsweise, wenn du dich einem Verein, der deinen Interessen entspricht, anschließt. Dort kennt dich noch keiner, und du kannst dich einmal ganz neu präsentieren. Hast du es dort geschafft, fällt es dir sicher leichter, dein Verhalten auch in die Schule zu übertragen.

Du kannst aber auch auf anderen, ganz einfachen Wegen zu mehr Selbstvertrauen kommen. Wenn du dir zum Beispiel öfter mal einen kleinen Plan machst und ihn dann durchziehst, zum Beispiel. Das kann eine ganz kleine Angelegenheit sein, wie das Ausmisten deines Kleiderschranks. Was immer du dir vornimmst, du fühlst dich gut, wenn du es dann auch gemacht hast, denn es stärkt ganz einfach dein Vertrauen in dich selber! Such dir einen Sport aus, mit dem du dich wohlfühlst: Geh eine Runde joggen, Fußball oder Frisbee spielen. Das bringt deinen Körper in Schwung, dich selber in Form und verschafft dir eine große Befriedigung.

Manchmal hast du sicher das Gefühl, dass du dich selber ohrfeigen könntest, weil du irgendwo etwas verbockt hast. Das ist auch okay, aber ohrfeige dich nicht zu lange. Was geschehen ist, ist geschehen und es bringt dich langfristig nicht weiter, darüber zu jammern. Sieh es so, dass du wahrscheinlich etwas dazugelernt hast. Jeder Mensch macht andauernd Fehler, auch wenn es dir so vorkommt, als wärst nur du derjenige. Vielleicht kommt es daher, dass du mit dir selber strenger bist als mit den anderen. Sei ruhig etwas nachsichtig mit dir. Im Laufe des Erwachsenwerdens lernst du dich selber ja erst kennen. Wenn du hingefallen bist, dann steh wieder auf! Versuch allem, was dir im Alltag passiert, eine positive Seite abzugewinnen, und behandle dich vor allem nicht selber schlecht. Du machst es deinen Mitmenschen unnötig schwer, dich leiden zu können, wenn sogar du dich selber nicht leiden kannst.

// Was macht einen »richtigen« Mann aus?

Diese Frage wird immer noch oft in der Öffentlichkeit gestellt und belegt schon an sich, dass es nicht mehr so klar wie früher ist, was einen attraktiven Mann ausmacht. Männliche Identität ist nicht mehr leicht zu beschreiben. Welche Ansprüche ein Junge in deinem Alter an seine Männlichkeit hat, hängt davon ab, woher er kommt, d. h. aus welchen Familienverhältnissen und aus welchem Kulturkreis er stammt. Deswegen lässt sich eine grundsätzliche Männlichkeit gar nicht genau bestimmen. Es gibt vielmehr eine Vielzahl an Möglichkeiten, was Männlichkeit ausdrückt, welche Typen von Männlichkeit attraktiv und akzeptiert sind. Oft ist es auch noch der Körper, der ja nicht nur biologisch männlich ist, sondern auch als Ausdruck der Männlichkeit verstanden und von Freunden bestätigt und manchmal auch verlangt wird. Das ist z. B. gut zu beobachten an Jungen, die gezielt ihre Muskeln trainieren und sich in Wettkämpfen mit anderen Jungen messen. Genauso gilt das aber auch für Jungen, die besonders viel Wert auf ihre Kleidung und bestimmte Accessoires legen. Selbst Unsportlichkeit kann eine eigene Definition von Männlichkeit darstellen.

Die eigene Männlichkeit entsteht oft dadurch, dass Jungen Männer, die sie beeindrucken, imitieren und sich von anderen gleichermaßen distanzieren. Sie können sich also ein eigenes Bild von ihrer Männlichkeit zusammenbauen. Das ist zwar ein Fortschritt zu früheren Generationen, aber es ist auch schwieriger, ein Bild zu finden, das mit ihnen persönlich, ihrem Charakter, ihren Vorlieben und ihrem Aussehen übereinstimmt. Dabei sind sie natürlich beeinflusst von Werten, die ihnen in der heutigen Gesellschaft von Mainstreamkulturen und Subkulturen vermittelt werden. Genauso sind sie beeinflusst von der Erwartungshaltung der Mädchen, so wie Mädchen vom Weiblichkeitsbild der Jungen beeinflusst werden.

In unserer westlichen Gesellschaft ist das traditionelle Männerbild mit der zunehmenden Gleichberechtigung der Frau viel komplexer geworden. Neben den klassischen Tugenden eines als sympathisch geltenden Mannes wie Leistungsstärke, Ehrgeiz, Organisationsgeschick, praktische Technikaffinität und Selbstbeherrschung, sind eine Vielzahl von Eigenschaften dazugekommen, die früher eher Frauen zugeschrieben wurden, z. B. Zärtlichkeit, Gefühle zeigen und Selbstkritik. Einige Männer machen diese weiblichen Eigenschaften zum neuen Kern ihrer Männlichkeit, bei anderen bleiben sie an der Oberfläche.

Viele Männer versuchen heute einen Spagat zwischen dem traditionell souveränen, leistungsstarken Familienernährer, dem liebevollen Vater und dem romantischen Partner hinzubekommen. Dieses Bild wird wohl am ehesten dem »neuen Mann« und der Erwartungshaltung von Mädchen gerecht, auch wenn es sich selten perfekt in die Praxis umsetzen lässt. Allein die politischen Rahmenbedingungen hinken da hinterher und lassen eine gleichberechtigte Aufteilung oft nicht zu, gerade wenn später Kinder dazukommen. Es gibt aufseiten vieler Arbeitgeber immer noch wenig Verständnis für z. B. ein väterliches Babyjahr, während es bei Müttern als selbstverständlich hingenommen wird.

Wichtig ist es, nicht danach zu streben, sein zu wollen, wie man gar nicht ist, und nicht zu glauben, ein Mann würde nicht wahrgenommen, wenn er sich nicht entsprechend benimmt. Jeder Mensch ist anders als alle anderen, mit einem ganz einzigartigen Körperbau, einer ganz einzigartigen Kraft und mit einzigartigen Fähigkeiten. Zufriedenheit im Leben erlangt man, wenn man das, was man mit auf die Welt bekommen hat, so gut wie möglich ausleben kann.

// Was soll aus mir werden?

»Wenn ich erwachsen bin, möchte ich nur noch die Dinge tun, die ich wirklich will!« – das denkt sich fast ohne Ausnahme jeder Jugendliche. Das Leben mit seinen Möglichkeiten richtig einzuschätzen, will allerdings erst gelernt sein. Je mehr du in die Welt hinausstrebst, desto häufiger kann es zu Enttäuschungen kommen. Aber auch zu Erfolgen, Glücksgefühlen und der Gewissheit, dass man es schaffen wird! Erwachsen werden ist ein langer und nicht immer leichter Weg, auf dem du Stück für Stück deine eigenen Erfahrungen machen wirst. Du musst Abschied nehmen von der Kindheit, ohne zu wissen, was nun auf dich zukommt. Du solltest dir dazu so viel Zeit zugestehen, wie du wirklich brauchst. Nicht nur Jugendliche, sondern auch Erwachsene haben ein unterschiedliches Tempo, zu denken, zu leben und sich zu entwickeln. Manche schaffen es sogar erst in einem höheren Lebensalter, richtig erwachsen zu werden.

Auf viele Fragen gilt es jetzt allmählich eine Antwort zu finden: »Welche Ziele will ich im Leben erreichen? Will ich beruflich erfolgreich sein? Mit viel Geld oder wenig leben? Kinder haben oder keine? Eine Partnerschaft, mehrere oder gar keine eingehen? Studieren oder eine Lehre machen? Ins Ausland gehen? Mich für irgendetwas engagieren oder einfach nur Spaß haben und in den Tag hineinleben?«

Es gibt keine Notwendigkeit, die Antworten auf diese Fragen schnell zu finden. Die meisten finden sich mit der Zeit wie von selbst.

// männlich

Warum beginnt die Sexualität so plötzlich?
Tut sie gar nicht, sie ist von Geburt an da. Doch erst wenn die Hormonbildung in Gang kommt, macht sie sich richtig bemerkbar.

Woran merke ich, ob die Pubertät angefangen hat?
Erst beginnen deine Hoden zu wachsen, dann deine Schamhaare. Danach wird dein Penis größer.

Wo werden die Samen gebildet?
In den Hoden. Das dauert etwa zwei Monate. Die Samen werden in den Nebenhoden »zwischengelagert«.

Was sind »feuchte Träume«?
So nennt man den unwillkürlichen Samenabgang. Das passiert zu Beginn deiner Entwicklung meist nachts.

Wird mein Glied groß genug?
Ganz sicher. Durch die Versteifung wächst es bei allen Männern fast auf die gleiche Größe an.

Wozu ist die Vorhaut da?
Sie schützt die empfindliche Spitze des Gliedes und ist die Reservefalte für die Versteifung.

Was ist bei Mädchen in der Pubertät anders?
Sie kommen etwa ein bis anderthalb Jahre früher in die Pubertät und entwickeln dennoch ihre Sexualität oft langsamer.

// Was verändert sich in der Pubertät?

Wir alle kommen schon als geschlechtliche Wesen auf die Welt – von Geburt an ist ein Junge ein kleiner Mann und ein Mädchen eine kleine Frau. Kindern sind sexuelle Gefühle nicht bewusst. Wie der Mensch nicht von Geburt an laufen kann, entwickelt sich auch die Sexualität nach und nach – selbst wenn sie von Anfang an angelegt ist. Das geht über mehrere Stufen, die ganz allmählich ineinanderfließen. Jeder Mensch hat dabei sein eigenes Entwicklungstempo. Bei dem einen Kind beginnt eine Etappe früher, bei einem anderen später. Das gilt gerade für die Pubertät, in der du jetzt steckst.

Für Kinder ist es lebenswichtig, von Vater und Mutter Aufmerksamkeit und Streicheleinheiten zu bekommen. Durch den zärtlichen Umgang lernt ein Kind, dass es einen Körper hat. Schon auf dem Wickeltisch begreift es seinen Körper und macht logischerweise vor seinen Geschlechtsteilen nicht halt. Ein kleines Mädchen erfährt seine Scheide, ein Junge sein Glied als normalen Teil seines Körpers wie Nase oder Ohren. Das Glied kann sich bereits bei ganz kleinen Jungen versteifen. Das hat aber noch nichts mit bewusster Erfahrung zu tun.

In den Hoden werden von der Pubertät an Hormone gebildet, die dafür verantwortlich sind, dass der Körper sich allmählich verändert und du dich langsam zum Mann entwickelst. Etwa vom neunten Lebensjahr an nehmen sie ihre Arbeit auf. Der Zeitpunkt ist im Prinzip in unserem Erbgut angelegt. Doch wodurch dieser Schub genau ausgelöst wird, weiß man noch nicht. Man nimmt an, dass der Teil des Gehirns, der die Hormonbildung steuert, den Geschlechtsorganen befiehlt, ihre Hormone zu bilden, sobald ein Kind ein bestimmtes Wachstumsstadium erreicht hat.

Hormone sind Stoffe, die der Körper in Drüsen bildet und mit denen er einen großen Teil seiner Abläufe steuert.

Zum Beispiel kontrolliert er damit das Wachstum, die Stimmung, die Fortpflanzung, die Sexualität oder bestimmte Krankheiten. Die Hormone, mit denen der Körper Sexualität und Fruchtbarkeit steuert, gehören zu den wichtigsten des Menschen. Sie sind der Taktgeber für die Pubertät.

// Woran merke ich, dass ich in der Pubertät bin?

Dass sich in deinem Körper ein wichtiger Entwicklungsschritt vollzieht, sieht man dir zunächst nicht an. Du selbst merkst es jedoch vielleicht daran, dass du nachts einen unwillkürlichen Samenerguss hast. Das kann passieren, noch bevor der Wachstumsschub einsetzt, der deutlich macht, dass du nun in der Pubertät bist. Das sollte dich nicht beunruhigen. Wissen musst du jedoch, dass jeder Junge vom ersten Samenerguss an ein Kind zeugen kann.

Doch durch die Pubertät verändert sich natürlich im Laufe der Zeit auch sichtbar etliches: Der Wachstumsschub setzt ein, an dessen Ende du deine endgültige Körpergröße erreichst. Die Hoden beginnen allmählich Hormone auszuschütten und Samen zu bilden. Durch die Hormonausschüttung werden deine Arme und Beine länger. Deine Brust und deine Schultern verbreitern sich. Dein Gesicht verändert seine Züge, sie werden erwachsener. Deine Stimme bekommt nach dem Stimmbruch einen tieferen Klang, und unter den Achseln, an der Scham und im Gesicht beginnen Haare zu sprießen. Die Haut wird fettiger und wahrscheinlich für eine Weile pickeliger. Du schwitzt mehr und entwickelst einen männlicheren Körperduft. Die Muskeln vergrößern sich und werden stärker.

Mit etwa elf bis zwölf Jahren bemerkt ein Junge, dass seine Hoden größer geworden sind und sich die ersten Schamhärchen kringeln. Ungefähr ein Jahr später beginnt auch das

Glied zu wachsen. Dafür ist die Ausschüttung des männlichen Geschlechtshormons Testosteron verantwortlich. Gemessen an der Kindheit verdoppelt das Glied etwa bis zum 16. Lebensjahr seine Größe.

Die beiden eiförmigen Hoden, die im Hodensack zwischen den Beinen hängen, sind die zentrale Schaltstelle der männlichen Sexualität und Fruchtbarkeit. Sie werden von feinen Nerven und Blutgefäßen durchzogen und haben bei jedem Mann eine etwas andere Größe. Im statistischen Durchschnitt sind sie etwa viereinhalb bis fünf Zentimeter lang und zweieinhalb Zentimeter dick. Die Größe der Hoden sagt nichts über die Potenz oder die Menge der ausgeschütteten Hormone aus. Die Größe der Hoden und des Penis ist vor allem erblich bedingt. Großvater, Vater und Sohn ähneln sich hier sehr.

Meist hängt der linke Hoden tiefer und ist ein wenig kleiner als der rechte. Es wird vermutet, dass die Natur dies so eingerichtet hat, damit die Hoden nicht gequetscht werden und schmerzen, beispielsweise beim Gehen oder wenn die Beine übereinandergeschlagen werden. Andererseits ist es aber meist auch so, dass fast alle Menschen zwei unterschiedlich große Hände und Füße haben. Bei Frauen sind meistens die beiden Brüste unterschiedlich groß.

Nur an einer Stelle haben die Hoden eine feste Verbindung zum übrigen Körper. Am hinteren Teil führt die Versorgungsleitung mit Blutgefäßen, Nervenbahnen und Samensträngen vom Körper in die Hoden. Die Haut der Hoden ist etwas dunkler gefärbt als die übrige Haut. Sie ist außerordentlich faltenreich, widerstandsfähig und sensibel zugleich. Dass die Hoden sehr schmerzempfindlich sind, wirst du wahrscheinlich schon lange aus eigener Erfahrung wissen. Deswegen halten Fußballer und andere Sportler im Notfall (sprich: beim Freistoß) schützend die Hände vor diesen empfindlichen Körperteil. Du weißt selbst, wie höllisch es wehtun kann, wenn die Hoden gekniffen, geschlagen oder getreten werden. Auf zarte Berührungen reagieren sie jedoch sehr empfindsam und lustvoll.

Die Hoden liegen außerhalb des Körpers, weil sie eine niedrigere Körpertemperatur brauchen als die übrigen Organe. Die normale Temperatur, die im Körperinneren herrscht, wäre zu hoch für die Samenbildung. Außerhalb des Körpers werden sie in der richtigen Temperatur gehalten. Zusätzlich wird die Temperatur noch über die Hautfalten reguliert. Sind die Hoden entspannt und haben die richtige Wärme, entfalten sie sich und hängen tiefer herunter als sonst. Wird es ihnen zu warm, entfernen sie sich noch weiter vom Körper, um sich nur ja nicht aufheizen zu lassen. Ist es kalt, ziehen sie sich dagegen zusammen und rücken an den Körper heran. Bei Angst oder Schreck tun sie das übrigens auch. Das hast du bestimmt auch schon bei dir selbst beobachtet.

Testosteron ist das wichtigste männliche Geschlechtshormon, das in den Hoden gebildet wird. Den meisten Raum in ihrem Inneren nehmen meterlange feine Röhrchen ein, die wie Wollfäden aufgewickelt sind und die Samenzellen bilden. Wie Fließbänder in einer Autofabrik verwandeln diese Röhrchen mit der Zeit Abermillionen Zellen von gewöhnlichem Aussehen in kleine Flitzer und machen sie mit vorgewärmtem Motor startbereit. Das Testosteron selbst wird in kleinen Inseln zwischen den Röhrchen gebildet. Sie nehmen nur Bruchteile des Platzes für sich in Anspruch.

Irgendwann bleibt auch deiner Umwelt deine Entwicklung zum Mann nicht mehr verborgen. Darauf wirst du einerseits sehr stolz sein, manchmal wird es dich wahrscheinlich aber auch so verwirren, dass du dich am liebsten irgendwo verkriechen möchtest, wo dich keiner in diesem Verpuppungsstadium sehen kann. Das ist in dieser Zeit völlig normal.

// Warum ist meine Stimme auf einmal so komisch?

Wenn die Hormonausschüttung in den Hoden begonnen hat, wird deine Stimme langsam anders. Meist ist das etwa um das 14. Lebensjahr herum der Fall. Beim Stimmbruch verändern sich Stimmbänder und Kehlkopf, dadurch wandelt sich die kindlich hohe Stimme zur männlich raueren. Das geschieht nicht sanft und allmählich, sondern ziemlich abrupt. Die Stimme bricht deutlich hörbar durch Piepsen und Krächzen. Mal ist sie schon männlich tief und dann wieder ganz hoch wie in der Kindheit.

Du selbst wirst es wahrscheinlich ziemlich nervig finden, dass Erwachsene deine Art zu sprechen in dieser Zeit häufig mit einem Lächeln begleiten oder sie einfach süß finden. Oder dass deine Freunde und Schulkameraden dich deswegen ärgern. Lass dich dadurch bloß nicht verunsichern. Jeder Junge macht den Stimmbruch durch. Nimm es ruhig als Kompliment oder (wenn du das schaffst) mit Humor und freu dich, dass du nun in eine neue Lebensphase aufbrichst.

// Ab wann kann ich mich rasieren?

Das lässt sich nicht genau sagen. Meist ist es zwischen dem 14. und 18. Lebensjahr so weit. Bei dem einen Jungen geht es früher los, beim anderen dauert es länger. Das hängt von der Hormonbildung ab und davon, was für ein Haarwuchs dir von deinen Eltern mitgegeben wurde. Allgemein lässt sich sagen, dass du dich dann rasieren solltest, wenn du es möchtest oder die Barthaare beginnen, dich zu nerven. Eigentlich ist es anfangs ja nur ein kleiner Flaum, der sich auf der Oberlippe und vor den Ohren bildet. Aber es ist mehr als verständlich, dass du diesen Moment herbeisehnst. Denn schließlich ist der Bart ein deutliches Zeichen des Erwachsenseins.

Das Hormon Testosteron sorgt auch dafür, dass die Brust- und Schamhaare wachsen, in denen sich sexuelle Duftstoffe besonders gut entfalten können. Mit jeder Körperbewegung verbreitet der Mensch ganze Schwaden solcher Sexuallockstoffe. Das hat die Natur so eingerichtet, damit sich Mann und Frau – unmerklich allerdings – am Geruch erkennen können und sich erotisch finden.

Mit der Menge, der Farbe und der Beschaffenheit der Körperbehaarung verhält es sich wie mit dem Kopfhaar: Manche haben rote Haare, manche schwarze, manche blonde, manche mehr, manche weniger. Auch das ist überwiegend Vererbungssache. Wenn du dir die Männer in deiner Familie anschaust, bekommst du eine Vorstellung davon, wie sich deine Körperbehaarung entwickeln wird. Das gilt für dichten Haarwuchs ebenso wie für schütteren – das ist die ganz persönliche Ausstattung, die jeder Mensch mit auf den Weg bekommt.

Die Körperbehaarung lässt sich infolgedessen durch äußere Dinge nicht beeinflussen. Ob man das mag, schön oder anregend findet, ist Geschmackssache. Da darfst du dich nicht von irgendwelchen Modeströmungen in die Irre leiten lassen. Dichtere Körperbehaarung macht dich nicht männlicher als weniger dichte. Im Gegenteil: Es spricht einiges dafür, dass die Veranlagung zu schütterem Kopfhaar oder einer Glatze nur wirksam wird, wenn der Pegel an männlichem Hormon groß genug ist. Ob jemand eine kahle Stelle auf dem Kopf bekommt, hängt von drei Dingen ab: von der Vererbung, von der ausreichenden Ausschüttung des Testosterons und dem Lebensalter.

// Woher kommen nachts die Flecken in meinem Bett?

Auf die erste Erfahrung mit der Samenflüssigkeit werden Jungen früher wie heute wahrscheinlich wenig vorbereitet. Meist passiert es nachts und kann für dich zunächst unerwartet, peinlich oder irritierend sein. Vielleicht bist du mit einem seltsamen Lustgefühl aus einem Traum erwacht und merkst, dass es in deinem Bett feucht ist. Dein erster »feuchter Traum« – wie man diesen unwillkürlichen Samenabgang nennt – kann bereits recht früh auftreten. Unter dem Einfluss des Testosterons haben sich in den Hoden Samen entwickelt und in den Nebenhoden aufgestaut. Diese entladen sich in deinem Alter dann irgendwann durch einen nächtlichen Samenerguss. Das passiert in dieser Form meist in der Pubertät.

Unter diesem sexuellen Druck entdecken die meisten Jungen relativ rasch die Selbstbefriedigung und verschaffen sich so Erleichterung. Dadurch empfinden sie auch das Lustgefühl, das damit verbunden ist, wenn die Samenflüssigkeit aus dem Glied herausspritzt. Wer öfter onaniert, hat seltener »feuchte Träume« und sehr wahrscheinlich mehr Spaß dabei. Selbstbefriedigung ist also nicht nur unschädlich, sondern kann im Gegenteil sogar nützlich sein. Jungen bekommen vor allem in der Entwicklungsphase oftmals eine Erektion, ohne dass sie damit rechnen. Männer wachen meist morgens mit einem steifen Glied auf. Wahrscheinlich lässt sich das durch den morgendlichen Testosteronanstieg erklären. Manchmal entsteht eine Erektion aber auch durch den Harndrang, beim Tragen von schweren Sachen, durch die bloße Reibung der Hose, durch den Anblick eines tiefen Ausschnitts oder nackter Beine. Sexuelle Gedanken, sexuelle Literatur oder erotische Vorstellungen von einer bestimmten Person können sehr erregend sein. Meistens versteift sich das Glied aber bei direkter sexueller Erregung. Reibst oder berührst du oder jemand anderes dein Glied und deine Hoden, dann wird das Glied sehr wahrscheinlich steif. Nicht selten kommen die spontanen Erektionen ungelegen. Etwa im Schulunterricht, beim Sport oder wenn du irgendwo mit anderen Menschen zusammen bist. Das kann in manchen Situationen ziemlich unangenehm sein. Bei Jungen in der Geschlechtsreife neigt das Glied dazu, sich bei jedem kleinen Anlass ungefragt selbstständig zu machen. Das ist darauf zurückzuführen, dass die Hormonausschüttung noch sehr schwankend ist und der Testosteronspiegel manchmal abrupt sehr ansteigt. Eine solche Gliedversteifung kann unter Umständen sehr schmerzhaft und unangenehm sein. Diese gesteigerte Erregungsbereitschaft lässt jedoch mit der Zeit nach. Um eine ungewollte Erektion zu verbergen, kannst du nicht sehr viel mehr machen, als weite Klamotten zu tragen. Manchen hilft es auch, an etwas für sie Ekliges zu denken.

// Wird mein Glied groß genug werden?

Diese Frage bewegt jeden Jungen in der Entwicklung ganz besonders. Genau wie bei allen anderen Körperteilen gibt es vom Penis alle möglichen Formen und Größen. In dieser Phase möchten viele Jungen »den Größten« haben. Deshalb fürchten sie, ihr Glied sei zu kurz oder zu klein. Warum das so ist, darüber kann man rätseln: Möglicherweise weil die Aktmodelle in Zeitschriften oder Pornoheftchen, die sich Jungen oft anschauen, besonders große Exemplare haben? Weil dieser Körperteil insgesamt zu wichtig genommen wird? Weil sie fürchten, dass Mädchen nur auf Jungen mit einem großen Glied stehen? Dass sie ihre Partnerin oder Partnerinnen damit nicht werden befriedigen können? Oder vielleicht einfach, weil ein junger Mann mit dem sich verändernden Penis noch nicht recht vertraut ist?

Einen Mann macht mehr aus als dieser einzelne Körperteil. Nicht nur das Glied ist ein sinnliches und sexuelles Organ, sondern der gesamte Körper. Dennoch ist es natürlich verständlich, dass du dir auch darüber einen Überblick verschaffen möchtest: Die Medizin hat für den erwachsenen Penis ein Standardmaß zwischen 7,5 und 10 Zentimeter im schlaffen Zustand ausgemacht. Normalerweise wird das Glied durch die Erektion um etwa 50 bis 60 Prozent länger, was also eine statistische Bandbreite von 11,5 bis 17,5 Zentimeter Länge und einen Umfang von 7,8 bis 11,5 Zentimeter ergibt. Nur ein Viertel aller Männer hat ein Glied, das größer ist als dieses Maß. Und einer von hundert Männern bringt es auf eine Länge von 22,5 Zentimeter. Das ist allerdings nur Statistik. Die Größenunterschiede sind im steifen Zustand relativ gering. Man weiß, dass ein im schlaffen Zustand kleiner Penis weit über sich hinauswächst und ein schon im schlaffen Zustand recht großer Penis nicht mehr so viel größer wird.

Größe und Form des Gliedes sind Vererbungssache und durch äußere Maßnahmen nicht zu beeinflussen. Es gibt kein Wundermittel oder -hormon, mit dem man das Glied wachsen lassen könnte.

Die Scheide der Frau passt sich durch Erweiterung oder Zusammenziehen den Größenverhältnissen des Gliedes an. Die Natur hat daher für Mittel und Wege gesorgt, dass beide Geschlechter stets ineinanderpassen und immer genügend lustvolle Reibung der beiden Geschlechtsorgane garantiert ist. Für deine eigene Lust spielt Größe und Form deines Gliedes überhaupt keine Rolle. Die Fähigkeit, Kinder zu zeugen, hat damit ebenso wenig zu tun.

Auch für die Qualität als Liebhaber wird die Größe des Penis schlichtweg überschätzt. Wie gesagt: Je kleiner das Glied, desto größer ist im Verhältnis die Versteifung. Es kommt auf die Reibung in den ersten zweieinhalb bis dreieinhalb Zentimetern der Scheide an, denn da sitzen die Nervenenden, die der Frau Lust bereiten. Also kommt es auch auf die Dicke an. Und ganz wichtig: Ob du ein guter Lover wirst, hängt vor allem von deinem Einfühlungsvermögen und deiner Bereitschaft ab, dich auf einen anderen Menschen wirklich einzulassen.

// Woher kommen die Samen?

Im Inneren der Hoden winden sich die stark aufgewickelten Samenkanälchen. Sie gehen alle ineinander über und sind insgesamt fast 300 Meter lang. In diesen Gängen werden die Samen gebildet. Dieser Prozess beginnt schon recht früh, noch bevor die Pubertät äußerlich in Erscheinung tritt. Dafür ist das männliche Geschlechtshormon Testosteron zuständig, das in den Hodenzwischenzellen produziert wird. Sie bilden sich mit der Pubertät erst richtig aus. Mit dem ersten Samenerguss kann ein Junge Vater werden.

Der Nebenhoden ist ein ausgedehnter, stark gewundener Schlauch. Er liegt wie eine Mondsichel hinter dem Hoden. Der Nebenhoden spielt bei der Entwicklung der Samen eine wichtige Rolle. Von den Hoden führen die Samenleiter zur Harnröhre. Sie können sich rhythmisch zusammenziehen und dadurch die Samen vorwärtsschieben. An den Samenleitern sitzen viele kleine Bläschendrüsen, die den größten Anteil der Samenflüssigkeit produzieren. Diese Flüssigkeiten werden hier mit den Samenfäden vermischt. Sie haben alle bestimmte Eigenschaften, die für die Beweglichkeit und den Stoffwechsel der Samen wichtig sind.

Die Samenleiter durchqueren die Vorsteherdrüse, bevor sie in die Harnröhre münden. Die Vorsteherdrüse sitzt direkt vor der Harnröhre und verdankt diesem Umstand ihren Namen. Medizinisch wird sie Prostata genannt. Sie besteht in Wirklichkeit selbst aus vielen kleinen Drüsen, die ebenfalls Samenflüssigkeit bilden.

Die Bildung der Samen ist ein sehr komplizierter Vorgang. Er kann durch viele Dinge leicht gestört werden, zum Beispiel durch Stress, Nikotin oder Umweltgifte. Die Samen reifen in verschiedenen Stufen heran, die man deutlich voneinander unterscheiden kann. Erst entstehen die Spermatozyten, aus denen sich die Spermatiden und dann erst die Spermien – also die Samenzellen – entwickeln.

Ein Samenfaden ist winzig klein und hat Ähnlichkeit mit einer Kaulquappe. Er besteht aus Kopf, Mittelstück und Schwanzteil. Der Schwanz kann sich propellerartig bewegen und damit sein ganzes Vorderteil vorwärts schieben. Diese Beweglichkeit ist eine der wichtigsten Voraussetzungen dafür, dass sich ein Samen in der Frau zur Eizelle hinschlängeln und diese befruchten kann.

Etwa 64 Tage – also mehr als zwei Monate – dauert es, bis aus den Vorstufen der Samen reife Samenzellen geworden sind. Diese werden in den Nebenhoden zwischengelagert. Während die Samenfäden zwölf weitere Tage durch dieses Schlauchsystem wandern, werden sie erst richtig einsatzfähig gemacht: Erst nach dieser Reise ist ein Samen nämlich in der Lage, sich zum Ei zu bewegen.

Von den Nebenhoden führen die Samenleiter zur Harnröhre. Durch diesen Gang werden die Samen dann beim Samenerguss endgültig hinausbefördert. Vorher münden aber noch bestimmte Drüsen ein: Aus der Prostata und den anderen Drüsen wird die Flüssigkeit abgesondert, in der die Samen dann nach draußen katapultiert werden.

Die Samenflüssigkeit – auch Sperma genannt – stammt zu etwa 20 Prozent aus der Prostata, ungefähr zu 70 Prozent aus den Samenbläschen und zu etwa 10 Prozent aus den Nebenhoden, die damit den eigentlichen Samen zum Sperma beisteuern. Die Menge beträgt zwischen fünf und 13 Milliliter.

Jeder Bestandteil des Spermas hat eigene und wichtige Aufgaben zu erfüllen. In den Flüssigkeiten aus den kleineren Drüsen sind Stoffe enthalten, die den noch starren Samen zur Bewegung anregen. Andere wiederum schaffen dem Samen ein geeignetes Lebensklima und nähren ihn. Es ist sogar eine Art Treibstoff enthalten, der den Samen beschleunigt, sobald es in den Geschlechtsorganen der Frau angekommen ist. Denn schließlich gewinnt nur der schnellste Samen den Wettlauf um ein befruchtungsfähiges Ei. In den Geschlechtsorganen der Frau wird das Sperma noch flüssiger, damit es besser in die Eileiter aufsteigen kann, wo die Befruchtung meist stattfindet. Die Samenflüssigkeit ist teils gallertartig, teils flüssig. Sie hat einen typischen leicht säuerlichen Geruch, der auch davon abhängig ist, was gegessen und getrunken wurde.

Vor dem Austritt der Samenflüssigkeit schließt sich die Harnröhre zur Blase hin, damit die Samen nicht in den Körper wandern oder zusammen mit dem Urin ausgeschieden werden. Der Samenerguss selbst geht stoßweise und unter einem großen Druck vor sich, sodass nicht selten eine Geschwindigkeit von 70 km/h erreicht wird. Die ersten Ausstöße können mehrere Meter weit reichen. Das muss aber nicht sein, gerade am Anfang ist es genauso normal, wenn die Samenflüssigkeit nur herausrinnt.

Durch einen einzigen Samenerguss werden etwa 350 bis 400 Millionen Samen hinausbefördert. Also rein theoretisch genug für ebenso viele Babys. Je öfter hintereinander Ejakulationen stattfinden, umso weniger Samen sind in der Samenflüssigkeit enthalten. Aber nie so wenig, dass eine Verhütung überflüssig wäre.

// Welche Rolle spielt das Testosteron?

Sexualität und Fruchtbarkeit werden vom Gehirn aus gesteuert. Hier werden die Hormone FSH (follikelstimulierendes Hormon) und LH (luteinisierendes Hormon) ausgeschüttet. Über die Blutbahn gelangen sie zu den Geschlechtsorganen

und setzen dort die Ausschüttung der Geschlechtshormone in Gang. Die typischen Hormone des Mannes werden Androgene genannt. Das Testosteron ist ihr wichtigster Vertreter. Es regt unter anderem die Zellen in den Hoden an, Samen zu bilden.

Das Testosteron bewirkt, dass Männer »männlich« aussehen. Es steuert ihre Lust auf Sex und ihr sexuelles Verhalten. Ähnlich wie die Bildung des Östrogens bei Frauen, ist auch die Ausschüttung von Testosteron Schwankungen unterworfen. Am höchsten ist sie morgens, am niedrigsten abends. Allerdings können auch äußere Reize – etwa sexuelle Reize – die Testosteronbildung ankurbeln. Alkohol und Stress dagegen lassen sie absinken.

Testosteron hat nicht nur einen Einfluss auf den Sexualtrieb. Es fördert nachweislich auch Verhaltensweisen wie Risikofreude, Abenteuerlust, Konkurrenzdenken. Allerdings darf man daraus nicht schließen, dass Mädchen all diese Verhaltensweisen nicht an den Tag legen.

// Wieso wird das Glied steif?

Das Glied ist eines der eigenwilligsten Körperteile. Wie die Versteifung zustande kommt, ist letztlich noch nicht geklärt. Es ist ein unwillkürlicher Reflex, der sich nicht steuern lässt. Das Glied ist praktisch geformt wie ein Rohr und besteht aus zwei Teilen. Die Eichel ist die abgerundete Spitze und der Teil, der am empfindlichsten auf Berührungen reagiert. Der Schaft ist der lange Teil des Penis, der steif werden kann. Er verfügt über drei Schwellkörperstränge. Sie füllen sich bei sexueller Erregung verstärkt mit Blut. Dadurch richtet sich das normalerweise weiche, kleine Glied auf und wird härter und größer. Es steht vom Körper so weg, dass man fast das Gefühl hat, es wäre ein Knochen darin. Mit diesem Mechanismus hat die Natur es eingerichtet, dass Mann und Frau wie

Schloss und Schlüssel ineinanderpassen und das Glied in die Scheide der Frau eingeführt werden kann, ohne gleich wieder herauszurutschen.

Durch ein ausgeklügeltes Schleusensystem bleibt das Blut in den Schwellkörpern, bis die Erregung abgeklungen ist. So lange ist auch das Glied steif. Das Glied hat zwei getrennte Kreisläufe: Einer ist zuständig für die Gliedversteifung, der andere für die Nährstoffe und Sauerstoffversorgung. Dadurch erleidet das Glied bei einer längeren Versteifung keinen Versorgungsmangel. Sonst bestünde nämlich die Gefahr, dass es geschädigt würde.

// Welchen Sinn hat die Vorhaut?

Die Vorhaut nur eine Haut zu nennen, ist schon fast ungerecht. Sie ist nämlich viel mehr: Sie ist der wichtigste Schutz der empfindlichen Gliedspitze, der Eichel, dem verdickten vorderen Ende des Gliedes. In der Haut der Eichel befinden sich die sensibelsten Nervenenden, die ganz besonders lustvoll und erregt reagieren können. Die Eichel ist das Gegenstück zum Kitzler der Frau, der sich ebenfalls mit Blut füllen und ganz prall werden kann.

Die Vorhaut bietet dem Glied die Entfaltungsmöglichkeit, um bei Erregung über sich selbst hinauszuwachsen. Auf Anforderung des Gehirns, das beispielsweise auf eine sexuelle Erregung oder eine zarte Berührung reagiert, gleitet diese Schutzhülle zurück, um die Eichel zu enthüllen. Sie enthält überdies bestimmte Drüsen, die eine ölige Substanz absondern, die verhindert, dass die Eichel austrocknet oder sich bestimmte Krankheitskeime dort ansiedeln. Die Vorhaut wird auf einer Seite durch ein feines Bändchen festgehalten. Normalerweise ist die Eichel von der Vorhaut bedeckt. Das weißt du ja selbst am besten vom Waschen, wenn du die Vorhaut zurückschiebst, um dich darunter zu reinigen.

Normalerweise lässt sich die Vorhaut leicht und vollständig zurückstreifen. Bei kleinen Jungen ist die Vorhaut sogar deutlich länger als der Penis. Die Eichel liegt dadurch besonders geschützt im Inneren der Vorhaut. Dies verändert sich im Laufe der Entwicklung. Bei manchen erwachsenen Männern liegt die Eichel völlig frei.

Bei manchen Jungen kann es passieren, dass sich die Vorhaut nicht zurückschieben lässt. Dabei handelt es sich um eine Vorhautverengung. Allerdings wird diese sogenannte Phimose fast immer schon bei kleinen Jungen entdeckt. Denn meist ist eine Vorhautverengung mit Jucken, Schmerzen und Brennen beim Wasserlassen verbunden. In manchen Fällen kommt es vor, dass das Glied bei der Versteifung einen auffälligen Knick bekommt. Wenn du denkst, dass du eine Vorhautverengung haben könntest, suche auf jeden Fall einen Arzt auf, um das abzuklären. Die meisten Phimosen kann man ohne Operation mithilfe von Salben durch Dehnen behandeln. Hilft diese Methode nicht, muss eine Phimose allerdings operativ behandelt werden, weil die Gefahr besteht, dass die Eichel abgeschnürt wird. Selbst hier wird aber inzwischen nur so viel geschnitten wie unbedingt nötig.

In manchen Religionen und Kulturen wird die Vorhaut schon im frühen Kindesalter beschnitten oder angeschnitten. Die modernen Befürworter der Beschneidung führen dafür vor allem das Argument an, dass sich unter der Vorhaut eine Absonderung ansammelt, die Smegma genannt wird. Wenn sie sich zersetzt, soll sie sowohl beim Mann als auch bei der Frau Krebs auslösen können. Das wurde aber wissenschaftlich nie bewiesen. Dieses Smegma ist nämlich auch ein natürliches Gleitmittel und tötet Bakterien ab. Ohne das Smegma kann die Eichel verhornen. Beschnittene Männer berichten auch davon, dass ihre Eichel durch die fehlende Vorhaut und die dadurch ständige Reibung sehr unempfindlich geworden sei und sie weniger intensive Gefühle beim Sex haben. In unserer westlichen Gesellschaft ist man sich inzwischen einig, dass eine prophylaktische Beschneidung nicht empfohlen wird, da ihr eventueller Nutzen nicht größer ist als der mögliche Schaden, den sie anrichten kann.

Im Glied verläuft auch die Harnröhre. Durch sie fließen sowohl der Urin als auch die Samenflüssigkeit. Ein spezieller Verschlussmechanismus sorgt dafür, dass sich die beiden Flüssigkeiten niemals mischen. Es kommt also nicht zum Austritt von Urin, wenn ein Mann mit jemandem schläft. Die Harnröhre ist reich an Drüsen. Sie sondern Sekrete ab, um die Harnröhre feucht zu halten.

Wichtig ist es auf jeden Fall, auf eine sorgfältige und regelmäßige Pflege zu achten. Beim Waschen sollte die Vorhaut immer vorsichtig zurückgezogen werden, um die Eichel freizulegen. Dieser Bereich sollte dann lediglich mit warmem Wasser gründlich gereinigt und anschließend mit einem Handtuch trocken getupft werden.

// Ich habe einen kleinen Busen, ist etwas mit mir nicht in Ordnung?

Beide Geschlechter bilden in ihrem Körper die Hormone des anderen Geschlechts – Männer Östrogen und Frauen Testosteron. In der Kindheit haben Jungen und Mädchen annähernd die gleichen Mengen Östrogen und Testosteron im Blut. Mit Beginn der verstärkten Hormonausschüttung in der Pubertät kommt es vorübergehend zu einem Ungleichgewicht. Deshalb kann bei vielen Jungen mit etwa zwölf Jahren das Brustgewebe durch das Östrogen einen Wachstumsschub erhalten. Jungen bekommen dann eine kleine Brust, die ähnlich wie bei Mädchen in diesem Alter jucken und spannen kann.

Sobald sich die Hormonbildung eingependelt hat, bildet sich die Brust zurück. Das ist meist innerhalb eines Jahres der Fall. Du brauchst dir also keinerlei Sorgen zu machen, wenn

deine Brust anschwillt. Das ist lediglich ein Zeichen dafür, dass du dich nun auf dem Weg zum erwachsenen Mann befindest.

// Was ist bei Mädchen in der Pubertät anders?

Bei Mädchen beginnt die geschlechtliche Entwicklung in aller Regel ein bis anderthalb Jahre früher als bei Jungen. Auch bei ihnen wird dieser Entwicklungsschub durch Hormone ausgelöst. Bei den meisten Mädchen fängt die Brust so etwa um das elfte Lebensjahr herum an zu wachsen. Von nun an dauert es noch etwa zwei Jahre, bis das Mädchen seine erste Monatsblutung bekommt. Vorher steht noch der Wachstumsschub ins Haus. Ähnlich wie bei dir schwankt jetzt auch bei Mädchen die Stimmung leichter als früher.

Ebenso wie Jungen werden Mädchen mit allen Geschlechtsanlagen geboren: den beiden Eierstöcken, zwei Eileitern, der Gebärmutter, der Scheide und dem Kitzler. All diese Organe befinden sich im Unterleib unterhalb des Bauchnabels. In der Mitte liegt die Gebärmutter, die die Form einer kleinen Birne hat. Am »Kopf« dieser Birne windet sich auf jeder Seite ein Eileiter zum Eierstock hin. Von der Gebärmutter aus führt die Scheide nach unten aus dem Körper heraus. Äußerlich sind nur die Schamlippen mit der Schamspalte zwischen den Oberschenkeln zu sehen. Zwischen ihnen versteckt sich der Kitzler, das sexuell empfindlichste Organ der Frau.

In den Eierstöcken haben sich schon vor der Geburt Millionen von Eianlagen ausgebildet, etwa 400 000 dieser Eizellen sind bei der Geburt noch vorhanden. Das sind die kleinen Bläschen, aus denen nach einer Befruchtung mit dem Samen eines Mannes ein Baby entsteht. In jedem Zyklus reift eine solche Eizelle heran. Das wichtigste Erlebnis im Laufe der

Pubertät ist für die meisten Mädchen die erste Monatsblutung. Die erste Regel tritt im Durchschnitt zwischen dem 9. und dem 16. Lebensjahr ein. Der Zeitpunkt liegt etwa drei Jahre nach dem Beginn der Hormonproduktion und zwei Jahre nach der Brustknospung. In den Eierstöcken werden jetzt Östrogene gebildet.

Der Zyklus wird ebenso wie die Samenreifung vom Gehirn gesteuert: Das follikelstimulierende Hormon (FSH) gelangt über die Blutbahn zum Eierstock, wo es die Bildung von Östrogen anregt. In der ersten Hälfte des Zyklus reift in einem der beiden Eierstöcke eine Eizelle heran. In der Gebärmutter wird gleichzeitig die Schleimhaut aufgebaut. Hier soll sich nämlich im Fall einer Schwangerschaft die befruchtete Eizelle einnisten.

Ist die Eizelle ausgereift, wird vom Eierstock mittels Östrogen ein Signal an das Gehirn geschickt. Es schüttet daraufhin ein weiteres Hormon aus: das luteinisierende Hormon. Nun springt die reife Eizelle aus dem Eierstock heraus in die Trichteröffnung des Eileiters, der sich zu diesem Zeitpunkt etwas über den Eierstock stülpt. Mit diesem Eisprung beginnen die fruchtbaren Tage der Frau.

Die Reise der Eizelle durch den Eileiter dauert etwa vier Tage. Auf diesem Weg kann sie von einer Samenzelle befruchtet werden. In der leeren Eihülle im Eierstock wird nun ein weiteres Hormon gebildet, das Progesteron. Es sorgt unter anderem dafür, dass ein möglicherweise befruchtetes Ei nicht »aus Versehen« ausgestoßen wird.

Ist es zu keiner Befruchtung gekommen, löst sich die Eizelle auf. Innerhalb der nächsten zehn bis vierzehn Tage setzt dann die Blutung ein. Dabei wird die oberste Schicht der Gebärmutterschleimhaut ausgeschieden. Die Muskeln der Gebärmutter ziehen sich leicht zusammen, um diesen Prozess zu erleichtern. Wie lange eine Blutung dauert, ist von Frau zu Frau und von Mal zu Mal verschieden.

Ob eine Monatsblutung schmerzhaft und mit Unwohlsein verbunden ist, ist ebenfalls von Frau zu Frau und von Mal zu Mal unterschiedlich. Gerade in der Pubertät, wenn der Zyklus sich noch einpendeln muss, kann die Blutung und die Zeit davor sehr unangenehm sein. Mit der Regelblutung beginnt ein neuer Zyklus. Es ist ein verbreiteter Irrtum, dass er immer 28 Tage lang sein muss. Nur eine von hundert Frauen hat einen solchen Rhythmus, bei allen anderen ist er länger oder kürzer.

Ist die erste Liebe gleich die große Liebe?
Das fühlt sich zwar meist am Anfang so an, ist es aber eher selten.

Warum habe ich mich noch nie richtig verliebt?
Wahrscheinlich bist du noch nicht so weit, und »die Richtige« ist dir noch nicht über den Weg gelaufen.

Ist es normal, in mehrere Mädchen gleichzeitig verknallt zu sein?
In der Pubertät völlig.

Hört Liebeskummer tatsächlich wieder auf?
Auch wenn es mittendrin unvorstellbar ist: Ja!

Wie findet »sie« mich am tollsten?
Spiel nicht den Coolen, sei du selbst!

Wie werde ich »sie« wieder los?
Stell dir vor, du wärst an ihrer Stelle! Sei ehrlich und verständnisvoll.

Warum redet meine Freundin dauernd über ihre Gefühle?
Sie möchte sich von dir verstanden fühlen.

Gehören Sex und Liebe zusammen?
Können, müssen aber nicht.

// Was ist Liebe überhaupt?

Woher kommt dieses Gefühl, das uns zufrieden, zärtlich und glücklich macht? Zu erklären, was Liebe ist und was sie von anderen Gefühlen unterscheidet, ist fast unmöglich. Es gibt Hunderte von Erklärungen, fast jede Wissenschaft hat eine dafür parat. Fest steht: Liebe ist eine reine Gefühlssache, hat mit dem Verstand nichts zu tun, Liebe ist einfach da, man kann sie nicht herbeidenken oder erzwingen. Sie kommt und geht, wie sie will.

Es gibt viele unterschiedliche Arten von Liebe. Für jeden Menschen bedeutet sie etwas anderes. Eltern lieben ihre Kinder, Kinder lieben ihre Eltern, Geschwister lieben einander (auch wenn sie es manchmal nicht merken), Kinder lieben ihre Großeltern, ihre Tiere, ihr Spielzeug, Freunde lieben einander. Liebe steht für ein warmes Gefühl und für den festen Willen, sich für den geliebten Menschen einzusetzen und mit ihm auf Gedeih und Verderb zusammenzuhalten. Wenn man so liebt und geliebt wird, fühlt man sich geborgen, ist zufrieden und glücklich.

Von der Pubertät an bekommt das Wort Liebe noch eine andere Bedeutung: Diese Liebe entfacht sich zwischen Frau und Mann, zwischen Mädchen und Jungen, aber auch zwischen Mädchen und Mädchen, Jungen und Jungen. Neu und entscheidend an der geschlechtlichen Liebe ist die Sexualität. Auch wenn ein Paar noch nicht gleich miteinander schlafen möchte, schwingt jetzt doch etwas ganz Besonderes zwischen den beiden. Diese Liebe beginnt meist mit Verliebtsein – einer Art Urknall der Liebe –, einem ganz besonderen, beglückenden Ausnahmezustand, der an den drängenden Wunsch gekoppelt ist, dass nun alle Träume in Erfüllung gehen mögen. Das ist so ein Gefühl, als könntest du pausenlos vor Freude in die Luft springen und die ganze Welt umarmen.

Die erste Erfahrung mit solchen Liebesgefühlen ist meist die Schwärmerei. Du selbst beginnst vielleicht für eine Person zu schwärmen, die du gar nicht persönlich oder nur vom Sehen kennst, einen Rockstar etwa, eine Lehrerin, die Schwester eines Freundes oder ein Mädchen aus einer anderen Klasse. Du kannst Stunden damit zubringen, dir auszumalen, wie es sein könnte, mit diesem Mädchen oder dieser Frau wirklich zusammen zu sein. Du fantasierst dich in Situationen, in denen sie dir zu Füßen liegt, weil du so stark und klug bist, und in denen alle deine Kumpels vor Neid erblassen. Du träumst davon, wie ihr euch küsst, wie ihr miteinander schlaft. Das ist gewissermaßen das Üben für den Ernstfall. Auch später noch, wenn du in jemanden frisch verliebt bist, wirst du dir insgeheim noch solche inneren Filme zusammenträumen. Das ist völlig normal und kann sehr schön sein.

Wenn sich zwei Menschen richtig ineinander verlieben, dann stehen sie vor lauter »Schmetterlingen im Bauch« völlig neben sich. Sie sind total voneinander verzaubert. Jede noch so winzige Berührung wird zu einer globalen Erschütterung. Sie gehen völlig ineinander auf und finden sich gegenseitig einzigartig. Sie starren sich stundenlang in die Augen und vergessen alles um sich herum. Das ist für Jungen nicht anders als für Mädchen. Oft mögen sie es allerdings vor ihren Freunden nicht zugeben, dass es sie richtig erwischt hat.

Doch auch bei jungen Paaren kehrt irgendwann der Alltag ein. Das kann der Startschuss für die große Liebe sein. Aber auch der Anfang vom Ende. In der Pubertät ist meist Letzteres der Fall. Und das ist gut so, denn Heranwachsende müssen sich ja erst einmal beim anderen Geschlecht umschauen. Auch Lieben will gelernt sein. Deswegen kann es sein, dass du in zwei oder sogar mehrere Leute gleichzeitig verliebt bist. Nicht aus jedem Verliebtsein wird etwas. Bei näherem Besehen sind die Menschen, die sehr gut zu einem passen, sowieso nicht so reichlich gesät. Aus manchen dieser Beziehungen werden sich bei dir vielleicht echte Freundschaften entwickeln.

Nicht selten ist in solchen Beziehungen einer verliebter als der andere. Es tut weh, wenn die eigene Liebe nicht im gleichen Maß erwidert wird. Das gilt übrigens natürlich auch für ein Mädchen, das in dich verliebter ist als du in sie. Es ist wichtig, dass du es dir von Anfang an zur Regel machst, nicht mit der Liebe eines Mädchens zu spielen, seine Gefühle nicht mit Füßen zu treten. Auch dann nicht, wenn du selbst einmal von jemandem schlecht behandelt wurdest und dich am weiblichen Geschlecht rächen möchtest. Sei immer so ehrlich wie möglich und versuche keine Spielchen zu spielen. Auf lange Sicht zahlt sich so ein Verhalten für dich selbst aus.

// Was kann ich tun, damit Mädchen mehr auf mich abfahren?

Mit der Pubertät und den erwachenden Liebesgefühlen wird der Umgang mit dem anderen Geschlecht viel komplizierter. Sobald du beginnst, dich für jemanden zu interessieren, wird es dir wahrscheinlich schwerfallen, in seiner Nähe unbefangen zu sein. Du versuchst in Gesten und Äußerungen etwas hineinzuinterpretieren, ohne zu wissen, was wirklich dahintersteckt. Du wirst viel Zeit damit zubringen, dir zu überlegen, wie etwas gemeint sein könnte und ob sie sich – hoffentlich – auch für dich interessiert. Deine größte Angst ist wahrscheinlich, dass sie dich womöglich unattraktiv findet. Du fragst dich, wie sie dich am tollsten findet, was du anziehen und wie du auftreten solltest, um ihr zu gefallen. Was du tun kannst, damit sie außer dir keinen anderen mehr ansieht.

Und du überlegst dir natürlich, wie du an sie herankommen könntest. Die meisten Mädchen erwarten immer noch, dass der Junge den ersten Schritt tut. Das ist verständlich, denn es ist einfacher als umgekehrt: Wer gefragt wird, hat immer die Möglichkeit, Ja oder Nein zu sagen. Wer hingegen fragen muss, läuft Gefahr, sich eine Abfuhr einzufangen.

Vielleicht kennst du folgende Situation: Du siehst ein Mädchen, das dir gefällt, schaust hin und gleich wieder weg, sie schaut auch, und während du noch überlegst, was du jetzt tust, ist sie gegangen. Danach beißt du dir in den Hintern, weil die Situation vorbei ist, ohne dass du sie angesprochen hast.

Der Grund ist immer und bei allen Menschen der gleiche: die Furcht, etwas Peinliches zu sagen, die Furcht, abgelehnt zu werden und damit nicht fertig zu werden. Dein Körper reagiert in unbekannten Situationen mit Angst. Das ist bei allen Menschen so, aber diese Angst kann man um ein Vielfaches reduzieren, wenn man sich mit ihr im Vorhinein auseinandersetzt. Du kannst dir überlegen, was im schlimmsten Fall passieren würde und wie du dann damit umgehen würdest. Hast du dafür eine Lösung gefunden, brauchst du eigentlich keine Angst mehr haben, denn du weißt ja bereits, wie du damit fertig wirst.

Du kannst Angst nur überwinden, indem du genau das tust, wovor du dich fürchtest. Es ist klar, dass das erste Mal unerhört schwierig sein wird, aber schon beim zweiten Mal ist es leichter, und irgendwann macht es sogar Spaß.

Wenn du also jemanden in deinem Leben haben willst, bleibt dir nichts weiter übrig, als aktiv zu werden und ihn anzusprechen. Wenn du nur still abwartest, riskierst du, dass derjenige einfach weggeht, ohne bemerkt zu haben, dass du ihn magst. Und dann hat keiner etwas gewonnen. Zudem wirst du dir ununterbrochen Gedanken machen, was wohl passiert wäre, wenn … Das kann sehr nervig werden und dich über längere Zeit von allen anderen schönen Dingen in deinem Leben ablenken. Die Gedanken »Aber wenn sie nicht mit mir reden will, wenn sie mich blöd findet?« kannst du dir im Grunde sparen, denn du wirst es ja nicht erfahren, wenn du es nicht probierst! Es ist einfacher und positiver für dich, kurz allen Mut zusammenzunehmen, als wochen- oder monatelang über ungewissen Zukunftsaussichten zu brüten.

Hilfreich kann es sein, wenn du es zunächst erst einmal bei anderen Personen, die dir nicht so sehr am Herzen liegen, trainierst. Da hast du nichts zu verlieren und erlangst eine gewisse Übung im Ansprechen von (fremden) Leuten. Wenn du dir über die Gefühle eines Mädchens unsicher bist, versuch aktiv herauszufinden, was sie denkt. Dabei musst du nicht zur Überrumpelungstaktik greifen und gleich direkt fragen bzw. eine eindeutige SMS schreiben. Hilf eher dem Zufall etwas auf die Sprünge. Halte dich möglichst oft in ihrer Nähe auf. So weckst du ihre Neugierde. Es gibt eine Menge Dinge, mit denen du dein Interesse eindeutig signalisieren kannst: ihr in die Augen sehen, ihr zulächeln, ihr zuhören, herausfinden, wofür sie sich interessiert, dich ihrer Clique anschließen oder sie ganz einfach zu irgendetwas einladen. Auf alle Fälle solltest du sie wissen lassen, dass dir an ihrer Gesellschaft gelegen ist. Selbst wenn es dich Überwindung kostet: Sie kann schließlich keine Gedanken lesen.

Wenn du nicht weißt, was du sagen sollst, sag einfach »Hallo«. Es wird sich schon ein Gespräch ergeben. Vorausplanen kannst du es sowieso nicht, und je mehr du vorher darüber nachdenkst, desto schwieriger wird es. Versuch, den Kopf kurz auszuschalten und einfach zu sagen, was dir in den Sinn kommt. Probiere, dich selbst zu überzeugen, dass es keine große Sache ist.

Wenn du auf jemanden zugehst, dann versuch, dich nicht zu verstellen, d.h. probiere, nicht jemand anderes zu sein. Damit sagst du demjenigen ja eigentlich, dass du selbst nicht gut genug bist. Du wirst sicher aus eigener Erfahrung wissen, dass man es relativ schnell bemerkt, wenn sich jemand verstellt, und dass es ziemlich unattraktiv wirkt, weil man sich natürlich fragt, wieso sich derjenige verstellt. Viele meinen, sie müssten extra cool wirken, zeigen, dass sie alles im Griff haben und dass sie alles kaltlässt. Aber wer will schon mit einem gefühllosen Eisblock zusammen sein? Also ist es nicht schlimm, wenn du aufgeregt bist und das Mädchen es dir anmerkt. Die meisten finden es süß, es spricht ja nur dafür, dass sie dir am Herzen liegt.

Mädchen mögen, übrigens genauso wie Jungen, Personen, die eine gewisse Sicherheit und Stärke ausstrahlen. Das bezieht sich aber nicht auf deinen Körper und deine Geldbörse, sondern auf dein eigenes Selbstbewusstsein. Du kannst dir ja vorstellen, dass ein Junge, der jeden Tag stundenlang vor Computerspielen sitzt, für Mädchen so attraktiv wie ein Klotz ist. Dieser Junge verspricht wenig gemeinsames Amüsement, erstens weil er sozusagen gar nicht anwesend und zweitens, weil er wenig kommunikativ ist. Er wird es deshalb eher schwer haben, eine Freundin in der realen Welt zu finden. Stärke strahlt jeder Mensch aus, der etwas aus sich und seinen Talenten macht, der für was auch immer Leidenschaft aufbringt und sich selber mag. Sicher hast du schon gemerkt, dass ebendiese Eigenschaften auch an Mädchen attraktiv erscheinen. Dabei ist es nicht wichtig, ob du ein stiller oder ein sehr offener Typ bist. Mädchen mögen oft auch zurückhaltende Jungen. Es dauert nur etwas länger, diese Jungen kennenzulernen. Wenn du als stiller Junge merkst, dass sich ein Mädchen, dass du magst, für dich interessiert, dann solltest du über deinen Schatten springen und ihr etwas entgegenkommen. Sonst weiß sie ja nicht, dass du sie auch magst, und sucht sich am Ende jemand anderen.

Blöd wäre es, aus falsch verstandenem Stolz oder Machogehabe heraus so zu tun, als wäre sie Luft für dich, und womöglich noch mit deinen Freunden über sie zu kichern. Das verletzt sie und verdirbt dir alle Chancen. Vergiss nicht, dass auch Mädchen gerade eine außerordentlich schwierige Phase durchleben und genauso viel oder so wenig Erfahrung haben wie du.

In dieser Phase kann es auch sein, dass Mädchen tatsächlich eine Zeit lang eher auf Äußerlichkeiten schauen – etwa ob du vielleicht schon ein Auto in Aussicht hast, einen Motorradführerschein, was deine Eltern von Beruf sind, ob du angesagte Klamotten trägst, ob du Geld hast oder einen durchtrainierten Körper, ob du ein Crack im Sport bist, Mitglied einer bestimmten Clique oder in einer Band mitspielst. Das gibt sich aber meist von selbst, spätestens dann, wenn sie merken, dass das Äußere ihres Schwarms nicht mit den Erwartungen an sein Inneres übereinstimmt.

Den allerwenigsten Mädchen ist nur an einer rein sexuellen Beziehung gelegen, weil ihre Sexualität noch gar nicht so sehr ausgeprägt ist. Deswegen ist es den meisten auch nicht wichtig, wie muskulös du bist oder ob du schon in deinem jungen Alter ein guter Liebhaber bist, sondern dass du etwas auf dem Kasten hast und dich freundlich, verständnisvoll und warmherzig zeigst.

// Warum müssen Mädchen manchmal endlos reden?

Die Frage könnte umgekehrt lauten: Wieso geraten Männer manchmal in Panik, wenn ihnen eine Frau zu nahe kommt? Die Liebe ist unser mächtigstes Gefühl. Die Erwartungen, die wir an sie stellen, enden nicht selten in einem unauflöslichen Chaos. Oft haben Mädchen und Jungen völlig unterschiedliche Erwartungen, was die Liebe angeht. Wenn es um unterschiedliche Gefühle geht, reißen zwischen zwei Menschen manchmal Abgründe auf. Du hast vielleicht öfter das Gefühl, deine Freundin käme von einem anderen Stern.

Viele Missverständnisse zwischen Mann und Frau sind auf eine unterschiedliche Sprache der Geschlechter zurückzuführen. Männer gewinnen manchmal den Eindruck, Frauen quasselten unentwegt, während Frauen sich darüber beschweren, dass Männer ihnen nie zuhören. Frauen lieben es, wenn sie verstanden werden, ohne dass sie ihre Wünsche direkt aussprechen. Sie suchen stets die totale Nähe zum Partner und wollen alles mit ihm besprechen. Männer reden weniger und nur über das, was ihnen wichtig erscheint, und das sind meistens nicht ihre Gefühle. Sie halten mehr Abstand. Das fassen Frauen leicht als Beweis mangelnder Liebe auf, was es aber gar nicht ist. Bei Männern geht es oftmals eher um Inhalte und Information, bei Frauen vordergründig um Vertrauen und Verständnis. Dabei ist es ihnen oft nicht wichtig, dass sofort eine Lösung für ihr Problem gefunden wird, sondern dass einfach jemand zuhört. Indem sie sich jemandem mitteilen, ordnen sie ihre Gedanken und kommen meist allein auf die Lösung. Sie machen das, was wahrscheinlich viele Jungen für sich im Stillen ausmachen, einfach laut. Manchmal ist es aber auch umgekehrt.

Von klein auf gehen Mädchen und Jungen unterschiedlich mit der Sprache um: Kleine Mädchen sind die besten Freundinnen, wenn sie pausenlos miteinander reden und sich Geheimnisse anvertrauen. Sie verhalten sich absolut gleichberechtigt, möchten Harmonie und keinen Streit. Kleine Jungen halten das anders: Sie unternehmen etwas zusammen, treiben Sport oder erleben gemeinsam Abenteuer. In ihren Gruppen herrscht eine klare Rangordnung, in der auch mit Worten um die besten Plätze gekämpft wird. Sich miteinander auszutauschen, ist für sie scheinbar nicht so wichtig. Sie besprechen Probleme eher mit den Eltern, vorzugsweise der Mutter.

So kommt es, dass die Jungen und Mädchen in eurem Alter meist etwas anderes voneinander erwarten. Während du von deiner Partnerin zum Beispiel erwartest, dass ihr viel gemeinsam unternehmt, sie aber auch akzeptiert, dass du mit deinen Freunden zum Fußball- oder Computerspielen gehst, möchte sie rund um die Uhr mit dir zusammen sein, dir alles ganz ausführlich erzählen und an jeder Einzelheit deines Lebens teilnehmen. Jungen fühlen sich da leicht belästigt und Mädchen schnell zurückgestoßen. Das kann für euch beide enttäuschend sein. Aber allein wenn du weißt, dass vieles bei dir anders ankommt, als es gemeint ist, wird es dir schon helfen. Deine Freundin will deine Äußerungen schließlich nicht gegen dich verwenden. Wenn sie dir viel erzählt, ist es ein Zeichen dafür, dass sie dich mag und dir vertraut. Nicht weniger, aber auch nicht mehr!

// Sie hat mich verlassen – wie komme ich damit klar?

»Das erste Mal tat's noch weh, beim zweiten Mal nicht mehr so sehr, und heut weiß ich, daran stirbt man nicht mehr« – heißt es in einem bekannten Schlager. Die meisten Popsongs handeln von Liebe und Leid, von gebrochenen Herzen. Zu allen Zeiten haben Sänger und Sängerinnen, Dichter und Dichterinnen, Maler und Malerinnen mehr oder weniger erfolgreich versucht, mit einem Gefühl fertig zu werden, das einen immer wieder und mit unverminderter Wucht treffen kann. Offenbar bleibt niemand davon verschont, egal, ob Junge oder Mädchen, Jung oder Alt, Arm oder Reich: Kummer um eine verflossene oder auch nicht erfüllte Liebe kann einen Menschen stark erschüttern. Manchmal sogar in seinen Lebensgrundsätzen. Es erscheint einem, als sei dies das Ende der gesamten Welt. Erstaunt ist man immer wieder, dass seelische Schmerzen einem fast körperlich wehtun können. Das geht übrigens Erwachsenen genauso.

In welcher Form es einen erwischt, lässt sich gar nicht vorhersagen. Manchmal ist es leichter zu ertragen, manchmal schwerer.

Manche Menschen können besser damit umgehen, andere sind da schwermütiger. Du selbst machst vielleicht von einem zum anderen Mal unterschiedliche Erfahrungen mit dir: Einmal tut es dir gar nicht so weh, beim nächsten Auseinandergehen hast du dann vielleicht das Gefühl, dass du aus dem siebten Himmel geradewegs in ein schwarzes Loch abstürzt, wenn du von einem geliebten Menschen verlassen wirst. Du kannst dir nicht vorstellen, wie dein Leben ohne sie weitergehen soll, weil du dir schon so viele schöne Dinge mit ihr zusammen vorgestellt hast.

Besonders groß ist die Kränkung, wenn du wegen eines anderen verlassen wurdest. Je nachdem, wie intensiv das Liebesgefühl war und wie sie persönlich gestrickt sind, haben manche Menschen in solchen Momenten Selbstmordgedanken. Sie kommen ohne fremde Hilfe nicht darüber hinweg. Für Jugendliche gibt es dafür spezielle Beratungsstellen (siehe Seite 171).

Im Normalfall aber werden der Schmerz und die Trauer um die verlorene Liebe irgendwann vorbei sein. Auch wenn dieser Gedanke anfangs nicht sehr tröstlich ist: Die Zeit heilt tatsächlich alle Wunden, selbst die psychischen. Dennoch müssen die meisten nach dem Schock erst einmal mit einem Wirrwarr von Hass und Wut, Verzweiflung, Angst und Selbstzweifel fertig werden. Die Symptome des Liebeskummers sind fast immer die gleichen: Man kann nicht mehr schlafen, nicht mehr essen, sich auf nichts konzentrieren und fühlt sich wie zerbrochen. Alles ist irgendwie leer.

Wenn du in diese Situation kommst, ist es gut, wenn du jemanden hast – einen Freund, einen Bruder, deinen Vater, deine Mutter oder auch eine Ex-Freundin –, bei dem du dich richtig aussprechen kannst. Du brauchst dich nicht zusammenzureißen. Selbst wenn dir mal die Tränen kommen: Weinen ist sehr gesund, in solchen Fällen ganz besonders. Tränen lösen den aufgestauten Druck und helfen dir, das seelische Gleichgewicht wiederzufinden. Das gilt auch für andere Gefühlsprobleme, zum Beispiel bei Ärger in der Schule: Wer jede Träne unterdrückt und sich niemals auch nur ein bisschen gehen lässt, läuft Gefahr, krank zu werden.

Tränen sind ein hochkomplizierter Cocktail aus vielen verschiedenen Zutaten: Sauerstoff, jede Menge Mineralien, Vitamine, Enzyme und ganz viele verschiedene Eiweiße. Je nachdem, wodurch die Tränen ausgelöst wurden, ist die Mixtur anders. Mit dem Weinen befreit sich der Körper auch von schädlichen Stoffen, die bei Stress und Kummer im Körper gebildet werden. Also: Ohne falsche Scham heraus damit! Die wegen einer unglücklichen Liebe vergossenen Tränen füllen ein ganzes Meer, und deine können ruhig mit hineinfließen.

Versuche nicht zu verleugnen, dass du verlassen wurdest. Das ist unrealistisch und verlängert deine Leidenszeit nur. Meist war die Beziehung wirklich nicht das Richtige oder hatte schon länger einen Knacks. Und immer sind beide am Ende beteiligt, auch wenn man das vielleicht nicht immer wahrhaben möchte. Selbsterkenntnis befreit von Ballast – allerdings nur langsam und unter Schmerzen. Aber: Sie macht den Weg frei für die nächste Liebe. Und mit der wird ganz bestimmt alles anders.

// Wie werde ich mit meiner Eifersucht fertig?

Niemand, der liebt, ist vor Eifersucht gefeit. Und auch vor Untreue nicht. Wer sich von seinem Partner betrogen sieht, reagiert fast immer eifersüchtig. Also gibt es wohl kaum jemanden, der in seinem Leben davon verschont bleibt. Eifersucht kann wie ein Fieber sein, ständig laufen im Kopf dieselben Bilder ab: Man sieht sie, wie sie mit dem anderen herummacht, ihn liebt, mit ihm viel netter, lieber und fröhlicher ist, mit ihm Dinge tut, die sie mit einem selbst nie getan hat. Mal ganz davon abgesehen, ob das wirklich stimmt, man wird diese Vorstellungen einfach nicht los. Diese Bilder treiben einen zu Wahnsinn, Hass, Wut, Angst, Neid und Selbstzweifel.

Diese dunkle Seite der Liebe entspringt dem Gefühl, dass uns etwas weggenommen wird und dass jemand, den wir lieben, uns mit einer anderen Person vergleicht und wir dabei schlechter abschneiden. Sie entspringt der Angst, mit dem anderen nicht konkurrieren zu können und auch irgendwie dagegen machtlos zu sein, denn ein großer Teil des Geschehens spielt sich ja hinter dem Rücken ab – also ohne dass wir selbst dabei sind. Das gleicht einer elementaren Bedrohung. Und so reagiert in diesem Moment auch unser Körper: Er richtet sich sowohl auf Kampf als auch auf Flucht ein.

Die Kommandozentrale im Gehirn bringt dazu eine Kettenreaktion in Gang: Um den Organismus in höchste Alarmbereitschaft zu versetzen, muss die Nebenniere verstärkt Adrenalin – unser Selbstschutzhormon – ausschütten. Das Herz schlägt schneller, Gehirn und Muskulatur werden mit mehr Sauerstoff versorgt, kalter Schweiß kühlt den Körper. Der Appetit auf Essen verschwindet bei den meisten. Manche reagieren aber auch, indem sie anfangen, ganz furchtbar viel zu essen. Das soll ihnen die verlorene Liebe ersetzen. Ziemlich sicher ist, dass dieses Verhalten nicht die Seele, sondern den Körper rund macht: »Kummerspeck« nennt man das daher sehr treffend.

Für extreme Eifersucht ist mangelndes Selbstbewusstsein die Ursache. Eine gesunde Portion Selbstliebe schützt vor dem selbstzerstörerischen Gefühl. Dafür werden gerade in der Pubertät wichtige Grundsteine gelegt. Wenn du in diese Situation gerätst, solltest du also in erster Linie nett zu dir selbst sein. Mache nicht den Fehler, dir einzureden, dich würde niemand mehr mögen oder jeder würde mit dem Finger auf dich zeigen. Versuche aber auch nicht, deine Eifersucht zu verdrängen, sondern zu verstehen. Ohne Verletzungen kommt kein Mensch durch das Leben. Weine dich ruhig einmal aus. Das hilft mehr, als sich für den vermeintlichen Gegner etwas Böses auszudenken. Tue Dinge, die du gerne magst und die dich ablenken: Sport treiben, mit deinen Freunden ins Kino gehen, ein schönes Buch lesen oder die nächsten Ferien planen. Du bist schließlich die wichtigste Person in deinem Leben!

// Wie trenne ich mich von ihr, ohne ihr wehzutun?

Treue wird unter Jugendlichen an sich großgeschrieben. Solange sie mit jemandem zusammen sind, halten sie sich auch daran. Aber in diesem Alter gibt es noch so viele Menschen und Lieben zu entdecken. Das gefährdet die Treue und führt dazu, dass Beziehungen wieder auseinandergehen. Es ist völlig normal, wenn dir das auch passiert.

Falls du schon eine neue Freundin hast, wird es dir leichter fallen, dich von deiner alten zu trennen. Du fängst an, beide miteinander zu vergleichen. Es kann sein, dass du deine bisherige Freundin vor dir selbst und anderen nun schlechtmachst. Damit versuchst du vermutlich, dir einen besseren Abgang zu verschaffen. Das ist zwar allgemein verbreitet, aber dennoch nicht die feine Art: Das Mädchen, mit dem du bislang zusammen warst, ist wahrscheinlich nicht schlechter als das, das du jetzt gefunden hast. Du hast nur bemerkt, dass ihr vielleicht doch nicht so gut zusammenpasst. Bei einem anderen Jungen ist sie dann aber sicher auch besser aufgehoben.

Hast du noch keine neue Freundin gefunden, sondern nur kein Interesse mehr, mit deiner jetzigen zusammen zu sein, wird dir der Ablösungsprozess wahrscheinlich schwerer fallen. In beiden Fällen solltest du mit Bedacht vorgehen. Stell dir vor, was für dich selbst am schlimmsten wäre, solltest du in ihrer Situation sein. Und vermeide, ihr das anzutun, was du selbst nicht wollen würdest. Das bedeutet: Sei so offen und ehrlich wie möglich, versuche, ihr das eigene Selbstwertgefühl zu lassen. Und wenn du das Gefühl hast, das nicht zu können, kannst du auch ruhig einmal zu einer Notlüge greifen. Natürlich musst auch du sehen, dass du heil, gesund und so schnell wie möglich aus dieser Sache herauskommst.

// Gehören Liebe und Sex nun zusammen oder nicht?

Sexualität und Liebe sind zwei Vorgänge, die zwar zusammengehören, jedoch nicht miteinander verwechselt werden dürfen. Sexualität ist ohne Liebe möglich. Und Liebe kann sich ohne Sex entfalten. Die Sexualität wird aber in unserer Gesellschaft so hoch bewertet, dass die Liebe darüber manchmal völlig vergessen oder Sex mit Liebe verwechselt wird. Liebe kann die Voraussetzung dafür schaffen, dass die Sexualität an Klarheit, Schönheit und Freude gewinnt. Aber das eine muss nicht zwangsläufig mit dem anderen zusammengehen. Vielen Jungen fällt es leicht, Liebe und Sexualität zu trennen.

Den meisten Mädchen geht es in ihren Liebesbeziehungen weniger um Sex als Jungen. Sie sehnen sich vielmehr nach einem Menschen, der ihnen Zärtlichkeit schenkt und sie versteht. Sie möchten mit ihrem Freund Gedanken und Gefühle teilen, Probleme mit ihm besprechen können. Sie wollen, sooft es geht, mit ihm zusammen sein und möglichst viel gemeinsam unternehmen. Sie wollen vorrangig sein für ihn – nicht an letzter Stelle nach Schule, Clique und Fußball. Mädchen träumen meist von mehr Nähe als Jungen. Bei Jungen ist das oft erst der Fall, wenn sie erwachsen geworden sind.

Sex ist für Mädchen vor allem eine Möglichkeit, ihm besonders nahe zu sein. Vielen jungen Mädchen ist die sexuelle Befriedigung selbst gar nicht so besonders wichtig, sie geben oft den Wünschen ihres Freundes nach ohne es wirklich zu wollen. Sie möchten ihn nicht verlieren, nicht prüde wirken oder mit den anderen mitreden können. Bei einer guten Beziehung gibt es aber eine Menge Dinge, die ein Paar zusammenschweißen, ohne dass sie miteinander schlafen müssen, wenn sie beide es noch nicht wollen oder einer von ihnen noch nicht so weit ist.

Liebe und Sexualität nehmen zu unterschiedlichen Zeiten einen anderen Stellenwert ein. Manchmal glaubt man, Jungen sei Sex wichtiger als Liebe und bei Mädchen sei es umgekehrt. Sicher ist wohl, dass Jungen oft schlechter über ihre Gefühle sprechen können als Mädchen und in der Pubertät einen stärkeren Sexualtrieb haben, den sie einfach ausleben wollen.

Den meisten Mädchen ist in dieser Zeit Liebe wichtiger als Sex. Es dauert eine Weile, bis sich das Verhältnis ausgleicht. Aber natürlich ist Jungen Liebe nicht unwichtig. Die meisten Menschen träumen davon, sich eines Tages in jemanden zu verlieben, mit dem sie die sexuelle Liebe und das ganze Leben genießen und zusammenbleiben können. Liebe lässt über die sexuelle Lust hinausdenken. Durch Liebe kann Sex noch erfüllender werden.

// sex

Wann kann ich mit einer Frau schlafen?
Wenn du dich persönlich – auch seelisch – reif dazu fühlst.

Meine Freundin will keinen Sex – liebt sie mich nicht?
Bei Mädchen entwickelt sich die Sexualität später als bei Jungen. Sie kann dich auch ohne Sex lieben.

Kann meine Freundin von Petting schwanger werden?
Nein, es sei denn, es gelangen irgendwie Samen in ihre Scheide – etwa durch die Hände nach einem Samenerguss.

Wie fühlt sich ein richtiger Orgasmus an?
»Jede Zelle meines Körpers tanzt« – hat jemand mal gesagt.

Warum denke ich den ganzen Tag an Sex?
Weil bei Jungen der Sexualtrieb von Anfang an sehr stark ist.

Wie oft kann ich mich selbst befriedigen?
Sooft es dir Spaß macht und dir nichts wehtut.

Warum tut das Glied oft nicht, was ich will?
Es reagiert unwillkürlich, eine Versteifung lässt sich nicht herbeidenken oder herbeizaubern. Mit dem umgekehrten Zustand ist es genauso.

Wie kann ich mich vor Aids schützen?
Nur mit dem Kondom. Und zwar jedes Mal.

// Wann kann man miteinander schlafen?

Es liegt auf der Hand, dass dich diese Frage brennend interessiert. Sehr wahrscheinlich hast du schon oft davon geträumt, wie es sein wird, wirklich mit einem Mädchen oder einer Frau zu schlafen. Leider gibt es keine endgültige Antwort darauf, wann die richtige Zeit für das erste Mal ist. Das hängt im Speziellen davon ab, ob du persönlich dich reif genug dafür fühlst. Und natürlich, ob du eine Freundin oder eine Frau hast, die ebenso gerne mit dir ins Bett möchte wie du mit ihr.

Die körperliche Reife ist dabei nicht entscheidend. Mit dem Einsetzen der Geschlechtsreife – das heißt seit deinem ersten Samenerguss – könntest du theoretisch schon Geschlechtsverkehr haben und Kinder bekommen. Das ist bei allen Männern so. Bei Frauen beginnt die Geschlechtsreife mit der ersten Monatsblutung. Sie tritt ja oft schon ein, wenn sich Junge oder Mädchen noch wie ein Kind fühlen. Die geistig-seelische Reife spielt also eine größere Rolle. Entscheidend ist, dass du diesen Schritt wirklich bejahst und das Gefühl hast, dass er gut für dich ist.

Wahrscheinlich bist du in Wirklichkeit hin- und hergerissen, weißt nicht so genau, was du tatsächlich möchtest: Einerseits stehst du bestimmt sexuell unter einem ziemlichen Druck, den du verständlicherweise gerne loswerden möchtest. Zum anderen hast du ziemlich sicher Angst davor, zum ersten Mal so intim mit jemand anderem zusammen zu sein. Logischerweise befürchtest du, nicht alles richtig zu machen, irgendetwas nicht zu können, kein steifes Glied zu bekommen oder die Partnerin nicht zu befriedigen. Das geht allen so – Mädchen und Jungen – vor dem ersten Mal.

Viele Schwierigkeiten beim Miteinanderschlafen treten deshalb auf, weil einer von beiden innerlich nicht dazu bereit ist und es gar nicht möchte. Das trifft ganz besonders für das erste Mal zu. Der Druck, miteinander zu schlafen, kann aus ganz unterschiedlichen Ecken kommen: von deinen Freunden oder deinen Mitschülern, von denen du denkst, sie hätten es schon hinter sich und würden über dich lachen, weil du noch nicht dazugehörst.

Es wird gerade in diesem Bereich massenhaft gemogelt: Du musst es wirklich nicht glauben, wenn einer von euch damit prahlt, mit wem und wie oft er es schon gemacht hätte und was er für ein toller Hecht im Bett wäre. Bei Erwachsenen stimmen derartige Sprüche im Übrigen oft auch nicht mit der Wirklichkeit überein. Wer kann solche Aussagen schon überprüfen? Diese Fragen stellen sich da eher: Warum hat jemand es nötig, so anzugeben; warum ist es so wichtig für ihn, anders zu scheinen, als er wirklich ist? Den sexuellen Trieb mit »schnellen Nummern« zu befriedigen oder ein Mädchen zum »Betthäschen« abzuwerten, ist weder eine großartige Leistung noch sonst wie verdienstvoll. Und dem sexuellen Druck kann man schließlich auch eigenhändig abhelfen, anstatt jemand anderen unglücklich zu machen. Jeder, der mit sexuellen Großtaten prahlen muss, gesteht wohl eher ein, dass er niemanden hat, dem er sich nahe fühlt und zu dem er eine vertrauensvolle Beziehung aufbauen kann. Denn mit jemandem zu schlafen, ist die intimste Form, mit einem anderen Menschen überhaupt in Verbindung zu treten.

Die Gewissensfragen, die sich wohl jeder stellen muss, lauten: Was will ich von diesem anderen Menschen? Nur körperliche Befriedigung? Nur Zeitvertreib ohne großes Drumherumgerede? Geistige Bereicherung? Spaß und Spiel? Geborgenheit und Stütze? Anregung oder Ergänzung? Gleichwertigkeit oder Unterwerfung? Liebevollen gemeinsamen Lustgewinn? Die Gründe, miteinander zu schlafen, die in diesem Zusammenhang oft genannt werden, sind der stärkere sexuelle Druck von Jungen und die Tatsache, dass Jungen es lieber und öfter wollen als Mädchen. Das liegt nicht nur daran, dass Jungen biologisch tatsächlich anders gestrickt sind, sondern auch daran, dass sie oft einer Art Gruppenzwang unterliegen, d. h. sie haben das Gefühl, alle hätten ES schon getan, nur sie nicht und deswegen würden sie nicht dazugehören. Was, wie gesagt, nur selten stimmt.

Jungen machen durch ihre anfänglichen »feuchten Träume« relativ rasch Erfahrungen mit ihrer Sexualität, vor allem mit der Selbstbefriedigung. Bei Mädchen trifft das nicht zu. Sie entdecken ihre Sexualität oft erst wesentlich später. Ob das nun biologische Ursachen hat oder in der oft beschützenderen Erziehung von Mädchen begründet ist, lässt sich nicht klar sagen. Doch ein Ergebnis ist bekannt und wird sicher auch dir einmal zu schaffen machen: Der Junge möchte gerne mit einem Mädchen schlafen, und das Mädchen gibt ihm einen Korb.

Auf alle Fälle musst du das Nein respektieren. Im Zweifelsfall hat immer derjenige recht, der etwas nicht möchte. Du darfst eine solche Ablehnung nicht persönlich nehmen. Mit dem Nein ist schließlich erst mal nur das Nein zum Sex gemeint und nicht das Nein zu dir! Das bedeutet keinesfalls, dass du nicht attraktiv genug bist, sondern dass das Mädchen, ganz unabhängig von dir, nicht zum Sex bereit ist.

Es ist klar, dass du enttäuscht bist oder dich verletzt fühlst, wenn deine Freundin »Nein« sagt. Eine solche Zurückweisung macht dich verständlicherweise unsicher und verstärkt deine Angst, zu versagen. Für Mädchen ist da aber nicht nur die Angst vor einer Schwangerschaft oder einer Ansteckung mit Geschlechtskrankheiten, sondern gerade in diesem Alter ist Sex für sie eine ganz andere Sache als für dich. Sie möchten oft damit noch warten.

Natürlich wäre es wünschenswert, wenn ihr über eure unterschiedlichen Erwartungen sprechen könntet. Das sollte aber nicht mit dem Hintergedanken geschehen, das Mädchen doch noch zum Sex überreden zu wollen. Dazu neigen Jungen in deinem Alter nämlich. Es gibt kein Anrecht auf Verfügbarkeit oder die (sexuelle) Zuneigung einer Frau. Und es wäre letztendlich für dich auch nicht unbedingt sehr schmeichelhaft, wenn ein Mädchen nur deshalb mit dir schliefe, weil es sich von dir unter Druck gesetzt fühlte und nicht »Nein« sagen mochte.

Du solltest versuchen, das Mädchen, seine Sorgen und Ängste zu verstehen und im Idealfall mit ihm zu teilen. Du kannst das Gleiche von ihm erwarten! Nämlich dass es pfleglich mit dir umgeht und zu begreifen versucht, in welcher Situation du steckst, mit welchen Wünschen und Gefühlen du zu kämpfen hast. So lernt ihr eigene und andere Sehnsüchte, Fantasien und sexuelle Vorstellungen einzuschätzen. Sie treten leider bei zwei Menschen nicht immer zeitgleich auf – in eurem Alter ist das sogar eher die Ausnahme als die Regel.

Wenn Sex für dich im Moment wichtiger ist als eine umfassendere Beziehung zu einem Mädchen, ist das völlig in Ordnung. Du solltest dann ein Mädchen oder eine Frau finden, deren Wünschen das entgegenkommt. Hast du das Gefühl, du würdest selbst das erste Mal auch gerne noch etwas hinausschieben, dann gestehe dir diese Freiheit unbedingt zu. Du hast alle Zeit der Welt und brauchst dich mit dem ersten Mal im Endeffekt gar nicht so zu beeilen. Die Sexualität mit einem anderen Menschen zu genießen, ist eine so wunderbare Sache, dass man alles dafür tun sollte, um unschöne Erlebnisse zu vermeiden. Je entspannter sich deine Sexualität entfalten kann, umso mehr Freude wird sie dir machen, desto mehr Kraft kannst du aus ihr schöpfen und umso begehrenswerter bist du auch für deine späteren Partnerinnen (oder Partner). Zärtlichkeit, Liebe, Sex – all das soll Spaß machen. Und der stellt sich nur ein, wenn beide das Gleiche wollen.

// Was passiert beim ersten Mal?

Die Sexualität dient dem Menschen zur Fortpflanzung. Sie sorgt dafür, dass Kinder gezeugt werden und damit die Menschheit erhalten bleibt. Damit das auch klappt, wird die Sexualität lustvoll erlebt und löst ein starkes Verlangen aus.

Sexualität fördert eine enge Beziehung zwischen zwei Menschen und trug ursprünglich dazu bei, dass sie eine Familie gründeten. Die Sexualität lässt uns Gefühle der Liebe und Verbundenheit in einer Intensität und Stärke ausdrücken, wie es auf andere Weise gar nicht möglich ist. Sie ist eine ganz besondere Form, Nähe, Intimität und tiefe Gefühle mit einem anderen Menschen zu erfahren und zu teilen.

Sexualität und Zärtlichkeit in einer Beziehung sind mehr, als nur miteinander zu schlafen. Um miteinander zu schlafen, wollen sich viele Jugendliche erst gut genug kennen und miteinander vertraut sein. Das geht Jungen meist nicht anders als Mädchen. Das erste Mal ist für beide etwas ganz Besonderes. Es ist jedoch ein Märchen, dass Sex von Anfang an der reine Genuss sein muss. Frau und Mann reagieren unterschiedlich schnell auf sexuelle Erregung und müssen erst lernen, sich aufeinander einzustellen. Lust und Befriedigung stellen sich nicht wie mit einem Paukenschlag ein.

Meist sind zwei unerfahrene junge Menschen zusammen, die sich durch diese unbekannte Situation irgendwie durchmanövrieren. Viele Jugendliche berichten von körperlichen Schmerzen, Nervosität, Stress, zu wenig Zärtlichkeit, zu wenig Zeit und zu wenig Verständnis füreinander. Die Befürchtungen von Jungen vor dem ersten Mal gleichen sich meist: Hoffentlich versagt mein Glied nicht seinen Dienst, hoffentlich bekomme ich nicht zu früh einen Samenerguss, hoffentlich finde ich den Scheideneingang, hoffentlich wird das Mädchen feucht genug, damit ich mir und ihr nicht wehtue. Viele Jungen fürchten sich davor, in der Scheide stecken zu bleiben, wenn das Mädchen sich verkrampft. Das ist jedoch in der Realität noch nie passiert.

Sexuelle Liebe hat viele Spielarten. Sie richtet sich nach Lust, Laune und dem, was beide Partner zulassen wollen. Viele Menschen machen den Fehler, Sexualität immer mit Geschlechtsverkehr gleichzusetzen. Alles, was zwei Menschen aus sexueller Lust machen, ist Sex. Bei jungen Menschen fängt es meist mit Petting an. Damit ist das intensive Küssen und Streicheln des ganzen Körpers gemeint, vor allem aber von Brüsten, Kitzler und Scheide beim Mädchen, Glied und Hoden beim Jungen. Der Körper ist voller sogenannter erogener Zonen, die bei Berührung lustvoll erschaudern lassen. An welchen Stellen es am schönsten ist, musst du erst langsam herausfinden.

Der sexuelle Hautkontakt, bei dem du den Körper des anderen erkundest und entdeckst, kann sehr aufregend und prickelnd sein. Wer intensiv schmust, sich an den richtigen Stellen streichelt und genügend sexuell erregt ist, kommt dabei zum Höhepunkt. Für den Geschlechtsverkehr ist das die beste Übung. Wenn sich ein Paar darauf beschränkt, kann es sich mit der Verhütung noch Zeit lassen, bis es wirklich miteinander schlafen will. Es muss sich aber sicher sein, dass beim Liebesspiel keine Samen in den Bereich des Scheideneingangs gelangen – etwa durch die Hände nach einem Samenerguss. Das ist eine Sache, die der Junge ganz besonders im Auge behalten muss. Steht es bevor, dass ein Paar miteinander schlafen möchte, muss das Verhütungsproblem gelöst sein. Das ist heute Partnerschaftssache.

Rein technisch gesehen unterscheidet sich der Geschlechtsverkehr vom Petting dadurch, dass der Mann sein steifes Glied in die Scheide der Frau einführt. Mädchen, die noch nie ein erregtes Glied gesehen haben, können das anfangs als etwas bedrohlich empfinden. Das liegt unter anderem daran, dass man in der Öffentlichkeit zwar überall nackte Frauen sehen kann, aber seltener nackte Männer und schon gar nicht mit aufgerichteten Gliedern. Wenn ein Mädchen davor Angst hat, ist es sicher noch nicht reif genug für Sex. Für etwas ältere Frauen kann dieser Anblick allerdings sehr erregend sein.

Bei der Frau schwillt der Kitzler an und richtet sich ebenfalls etwas auf. Die Scheide wird bei sexueller Erregung feucht, damit das steife Glied in die Scheide gleiten kann.

Will ein Paar miteinander schlafen, führen Mann oder Frau (oder beide) das Glied meist mit einer Hand in die Scheide ein. Die beiden passen zusammen wie Schloss und Schlüssel. Die Scheide passt sich der Größe des Gliedes bei Erregung an, indem sie sich dehnt oder zusammenzieht.

Ist das Glied in die Scheide eingedrungen, bewegen sich beide miteinander so, dass sich das Lustgefühl noch weiter steigert. Das entwickelt sich meist automatisch. Für fast alle Frauen ist es wichtig, dass ihr Kitzler dabei gestreichelt wird. Das ist aber auch von der Stellung abhängig. Die meisten Paare schlafen in der sogenannten Missionarsstellung miteinander. Dabei liegt die Frau auf dem Rücken, der Mann dringt von vorne in sie ein. Diese Stellung war lange Zeit populär, weil der Mann sich dabei besonders gut bewegen kann und weil die Menschen ihrer Fantasie keinen freien Lauf ließen.

Ein Paar kann aber in allen nur denkbaren Stellungen liegen, sitzen, stehen oder sonst etwas tun, was ihm gerade Spaß macht. Bei manchen Stellungen wird beispielsweise der Kitzler automatisch mehr mitgereizt als bei der »Frau-unten-Mann-oben«-Stellung, bei wieder anderen kann sich der Mann noch kraftvoller bewegen. Was am angenehmsten und am lustvollsten empfunden wird, hängt von persönlichen Vorlieben ab. Die Liebestechniken werden dabei maßlos überschätzt. Sobald ein Paar sich wirklich aufeinander einlässt, findet es ganz automatisch seine eigenen Neckereien, Zärtlichkeiten und Liebesspiele heraus. Weder Petting noch Geschlechtsverkehr müssen zwangsläufig in einem Orgasmus enden. Das Zusammensein kann auch ohne sehr beglückend sein.

Mädchen fürchten sich vor dem ersten Mal unter anderem, weil dabei meist das Jungfernhäutchen, medizinisch Hymen genannt, einreißen und es zu einer leichten Blutung kommen kann. Allerdings geben laut Umfragen mehr als 50 Prozent der Frauen an, dass es bei ihrem ersten Geschlechtsverkehr keine Blutungen gab, d.h. es ist durchaus auch normal, wenn man gar nichts davon merkt, da sich Form und Größe individuell stark unterscheiden. Wenn sich ein Mädchen in den Stunden nach dem ersten Geschlechtsverkehr etwas wund fühlt, kommt das meist von der ungewohnten mechanischen Beanspruchung. Das solltest du wissen, damit du deine Freundin beruhigen kannst, falls sie sich Sorgen macht.

Denn wenn auch die Jungfräulichkeit bei uns schon lange kein Thema mehr ist, so existieren doch noch eine Menge Schauergeschichten über unerträgliche Erlebnisse bei der »Entjungferung«. Sie stammen aus der Zeit, in der Frauen keine sexuelle Lust zugestanden wurde und viele Männer wenig Rücksicht nahmen. Das war vor einigen Jahrzehnten so und ist es in anderen Kulturkreisen oder Religionen auch heute noch.

Angst vor Schmerzen beim ersten sexuellen Kontakt ist also unbegründet, sofern beide Partner behutsam und liebevoll miteinander umgehen. Wenn das Mädchen sexuell erregt ist, tut ihm das Eindringen nicht unbedingt oder kaum weh. Es wäre deshalb sinnvoll, dem Mädchen die Entscheidung zu überlassen, wann der Junge in es eindringen soll. Das ist auch für ihn selbst besser, denn wenn die Scheide des Mädchens nicht feucht genug ist, kann das Eindringen auch dem Jungen wehtun.

Schon beim ersten Mal sind Empfängnisverhütung und Schutz vor Aids Pflicht. Du solltest in jedem Fall ein Kondom verwenden. Bist du ungeübt im Umgang damit, kannst du ruhig zu Hause mal alleine üben – vielleicht beim Onanieren. Das Mädchen könnte zusätzlich ein samentötendes Zäpfchen oder Gel benutzen. Viele Mädchen lassen sich vorsorglich die Pille verschreiben. Darauf solltest du dich aber nicht verlassen, sondern selbst vorsorgen. Außerdem ist das Kondom das einzige Mittel, um eine Ansteckung mit Geschlechtskrankheiten zu verhindern.

// Wie fühlt sich ein Orgasmus an?

»Jede Zelle meines Körpers tanzt« – hat mal jemand den Orgasmus beschrieben. Es ist die Entladung der Muskel- und Nervenanspannung auf dem Höhepunkt der sexuellen Erregung. Dieser kurze Moment der schönen Gefühle wird von jedem Jungen, jedem Mann anders empfunden. Auch von Mal zu Mal kann es ganz verschieden sein. Doch die Vorgänge im Körper sind immer die gleichen.

Die körperlichen und seelischen Reaktionen bei sexueller Erregung sind bei Mann und Frau in vielen Punkten gleich. Bei beiden verändern sich Atmung und Durchblutung, und der sexuelle Höhepunkt wird von lustvollen, pulsierenden Gefühlen und rhythmischen Muskelkontraktionen begleitet. Aber es gibt einen Unterschied im Tempo, mit dem sich bei Frau und Mann sexuelle Erregung zuerst auf- und dann wieder abbaut: Bei Frauen dauert es fast immer länger.

Sexualforscher haben die sexuelle Anspannung in mehrere Phasen eingeteilt, die allerdings ineinander überfließen: Während der Erregungsphase, die Minuten bis Stunden dauern kann, wird das Glied steif. Es kommt zu einer verstärkten Muskelanspannung in Armen und Beinen und einem leichten Blutdruckanstieg. Das Herz beginnt zu rasen. Der Hodensack zieht sich zusammen, seine Haut wird dunkler und verdickt sich. Die Hoden werden größer und rücken dichter an den Körper heran. Am ganzen Körper rötet sich die Haut. Die Brustwarzen werden hart.

Die sogenannte Plateauphase hält 30 Sekunden bis drei Minuten an. Muskelspannung und Herzklopfen nehmen weiter zu. Im Glied staut sich noch mehr Blut und macht den wulstigen Rand der Eichel prall. Aus einigen inneren Drüsen wird jetzt etwas Sekret ausgestoßen, um die Harnröhre für die Samen gleitfähig zu machen. Aus dem Glied tritt nun schon Flüssigkeit aus, in der bereits Samenfäden sein können. Auch deswegen ist Verhütung von Anfang an wichtig!

Während der Orgasmusphase, dem Höhepunkt des sexuellen Erlebens, sind die meisten Sinneswahrnehmungen vermindert oder ausgelöscht. Viele Körpervorgänge entgleiten jetzt der Kontrolle. Der Atem fliegt, am ganzen Körper können sich die Muskeln krampfartig zusammenziehen. Die Ejakulation – der Ausstoß der Samenflüssigkeit – und der Orgasmus werden von Kontraktionen begleitet, die dem Mann Lust und Erleichterung verschaffen. Die ersten Kontraktionen sind dabei am intensivsten und am angenehmsten, die darauf folgenden sind nicht mehr so stark. Der Orgasmus wird bei den meisten Jungen von einem befreiten Aufstöhnen und einer sekundenlangen Bewusstseinstrübung begleitet. Im Idealfall sind Körper, Geist und Seele miteinander auf dem Höhenflug.

Im Augenblick höchster Lust führt das Zusammenziehen der Muskeln um den Penis dazu, dass der Samen in Spritzern ausgestoßen wird. Die Hochgefühle beim Orgasmus entstehen dadurch, dass die Samenflüssigkeit in den tief innerhalb der Prostata gelegenen Teil der Harnröhre gespritzt wird und sie ausdehnt. Hatte der Mann länger keinen Sex, wird diese Explosion als besonders lustvoll empfunden. Die aufgebaute Spannung entlädt sich binnen Sekunden im Samenerguss mit einem ziemlichen Druck.

Die Gefühle der Lust entstehen durch verschiedene Reize. Zunächst einmal sind es die Reize, die von den zahlreichen Nervenenden an der Eichel ausgehen. Sie reagieren auf Druck und Reibung. Die Intensität wird durch das Zurückschieben der Vorhaut beim Geschlechtsverkehr verstärkt. Weitere reizempfindliche Zonen liegen in dem Teil des Gliedes, in dem die Harnröhre angesiedelt ist, und in der Vorhaut. Die Auflösungsphase dient in erster Linie dem Rückstrom des Blutes aus dem Glied wieder zurück in den Körper. Der Penis nimmt sehr rasch an Größe ab und wird wieder schlaff. Hat kein Orgasmus stattgefunden, dauert das etwas länger.

Die meisten Männer sind nach einem Samenerguss für eine Weile außer Gefecht gesetzt. Sie haben dann erst mal keine Lust mehr, und ihr Körper braucht eine Ruhepause. Diese Phase kann Minuten bis Tage anhalten. Bei Jungen und jungen Männern dauert es meist nicht so lange, bis sie wieder »können«. Bei Frauen ist das anders, sie können mehrere Orgasmen hintereinander haben. Das kommt bei Männern sehr viel seltener vor. Untersuchungen haben gezeigt, dass die Orgasmusfähigkeit von Frauen anfänglich sehr viel geringer ist als die von Männern, aber mit den Jahren immer mehr zunimmt und schließlich die des Mannes wahrscheinlich sogar überflügelt.

Manchmal haben Männer auch einen Samenabgang ohne einen Orgasmus, vor allem wenn sie sich zu stark anspannen und glauben, im Bett besonders kontrolliert sein zu müssen. Um bei einem Orgasmus echte und umfassende Lust fühlen zu können, ist wirkliche Hingabe wichtig. Und die will gelernt sein. Je besser ein Mann seine Ungeduld zügeln kann, desto länger dauert das sexuelle Erlebnis – und umso schöner wird es auch für ihn. Für einen Jungen ist ein Orgasmus jedoch wahrscheinlich vor allem erst einmal eine Erleichterung.

Sex ist auch ohne Orgasmus schön. Die Jagd nach einem Orgasmus kann nämlich den ganzen Spaß am Sex verderben. Schätzungsweise 70 Prozent aller Frauen kommen beim normalen Geschlechtsverkehr nicht regelmäßig zum Orgasmus. Die meisten brauchen eine zusätzliche Stimulation ihres Kitzlers. Mädchen müssen ihre sexuelle Erlebnisfähigkeit erst trainieren. Junge Mädchen mit wenig sexueller Erfahrung haben es schwer, zum Höhepunkt zu kommen. Deswegen bist du kein schlechter Liebhaber, wenn sie bei den ersten Malen mit dir keinen Orgasmus erlebt. Erfahrungsgemäß geht es besser, wenn das Mädchen schon Erfahrungen mit der Selbstbefriedigung hat.

Dass beide in der gleichen Sekunde den Gipfel der Lust erleben, ist so etwas wie das absolute Highlight beim Liebesspiel. Und ist meist nur für geübte Paare zu erreichen, die schon etwas länger zusammen sind. Der gemeinsame Orgasmus sollte ein Glückstreffer bei der Liebe sein. Wer Sex zum Leistungssport macht, wird dieses gemeinsame Glücksgefühl kaum erleben.

// Warum denke ich den ganzen Tag an Sex?

Jungen spüren ihre Sexualität, ihren Sexualtrieb, wie die Wissenschaftler sagen, von Anfang an sehr viel drängender als Mädchen. Sie fühlen sich dadurch manchmal fast wie fremdgesteuert. Mit der Pubertät fängt Sex an, dein Denken zu erfüllen, du beginnst Mädchen nachzuschauen, überall Sexsymbole zu entdecken, die deine Fantasie beflügeln, und mit Freunden darüber herumzualbern.

Das ist überhaupt eine Besonderheit der männlichen Sexualität: Lust ist eine Sache, die vom Kopf gesteuert wird. Außenreize spielen dabei eine wichtige Rolle. Männer macht erst einmal vor allem das an, was sie sehen. Männer jeden Alters reagieren zunächst viel stärker auf optische Signale des anderen Geschlechts als Mädchen und Frauen. Wie magisch werden ihre Augen von einem tiefen Ausschnitt, einer engen Hose oder nackten Frauenbeinen angezogen. So stark, dass sie kaum den Blick davon wenden können. Das ist auch der Grund, warum bei Jungen in deinem Alter der Wunsch erwacht, sich Pornos und Sexzeitschriften anzuschauen.

Frauen wiederum nehmen das Objekt ihrer Begierde eher über den Geruchs-, Tast- und Gehörsinn wahr. Sie zieht eher ein bestimmter Geruch oder eine schöne Stimme an. Aber natürlich lassen sich auch Männer von einem schönen Duft oder einer erotischen Stimme anregen. Viele Männer sagen sogar, Sex wäre für sie im Dunkeln besonders schön, weil sie dann ihre Partnerin besser über Nase, Ohr und Haut wahrnehmen könnten.

// Meine Freundin will nicht mit mir schlafen – liebt sie mich nicht?

Generell stellt sich die Lust auf Sex bei Mädchen viel langsamer ein als bei Jungen. »Soll ich oder soll ich nicht?« – ist eine Frage, die Mädchen wahrscheinlich zurzeit mehr bewegt als dich. Sexuelle Freiheit heißt nicht, sich immer und in jeder Frage für Sex zu entscheiden. Früher mussten Mädchen auf die Hochzeitsnacht warten, ehe sie Sexualität erleben durften. Heute ist das glücklicherweise nicht mehr so.

Dennoch gibt es immer wieder Situationen, in denen Frauen glauben, sie müssten mit einem Mann schlafen, obwohl sie es gar nicht wollen. Und das scheinen Männer von Frauen zu erwarten. Dahinter steckt ein großes Missverständnis: Anders als Männer, deren Glied sich versteifen muss, können Frauen scheinbar immer. Selbst wenn sie gar keine Lust haben. In Wirklichkeit setzt hingebungsvoller Sex für die meisten Frauen eine große seelische Bereitschaft voraus. Mit einem Mann oder Jungen, der das nicht versteht, sollte ein Mädchen keine Beziehung eingehen.

Ein Mädchen ist sehr wahrscheinlich bereit für die sexuelle Liebe, wenn sie einen Freund hat, dem sie vertrauen kann. Mit dem sie körperlich vertraut ist und mit dem sie einen Schritt weiter gehen möchte, mit dem sie schon ein paarmal Situationen erlebt hat, wo die Lust auf Sex so groß wurde, dass »es« fast passiert ist.

Frauen scheinen stärkere Lust zu empfinden, wenn der Partner ihnen vertraut ist. Sie berichten, dass sie bei einer festen Beziehung öfter einen sexuellen Höhepunkt empfinden. Sex ohne Gefühlsbindung scheint für die meisten Frauen nichts zu sein, sie empfinden das als unbefriedigend. Frauen mögen auch bei der körperlichen Liebe vor allem das gegenseitige Geben und Nehmen. Die Vorstellung eines Paares, das sich gerade liebt, finden sie beispielsweise viel erotischer als einen nackten Mann.

Weibliche Lust ist zudem stärker abhängig von den Begleitumständen einer sexuellen Begegnung. Frauen lassen sich leichter als Männer durch das Klingeln des Telefons, das Rufen eines Kindes, schulische Probleme oder bedrückende Gedanken von der Liebe ablenken. Sie können kaum auf die Schnelle von den logischen, sachlichen Denkprozessen des Alltags zum sinnlichen Denken wechseln. Deswegen brauchen sie meist eine längere Anlaufphase – sei es in Form eines schönen Abendessens, eines gemeinsamen Bades oder eines ausgiebigen Vorspiels.

Womöglich bist du mit einem Mädchen aus einem anderen Kulturkreis zusammen, in dem andere Bräuche herrschen. Für sehr religiöse Mädchen ist Jungfräulichkeit heute oft noch von großer Bedeutung. Wenn sich z. B. Musliminnen einem Mann vor der Hochzeit hingeben, schänden sie ihre ganze Familie und müssen damit rechnen, selbst verstoßen zu werden. Um das zu verhindern, können alle Mitglieder der Familie sehr streng darüber wachen, dass kein Mensch männlichen Geschlechts dem Mädchen zu nahe kommt.

Daraus kann sich für das Mädchen ein Konflikt ergeben, der nicht leicht zu lösen ist. Einerseits möchte es vielleicht tun, was viele moderne Mädchen tun, andererseits muss es schauen, dass es nicht aus dem Rahmen fällt, in dem es mit seiner Familie lebt. Für diese Mädchen ist es ganz besonders schwer, einen eigenen Weg zu finden. Möglicherweise finden sie auch in ihrer Familie keinen Rückhalt oder werden sehr streng erzogen. Da ist es besonders bedrückend, wenn der Freund nur wenig oder gar kein Verständnis zeigt. Solltest du mit einem Mädchen mit solchem Hintergrund nur Sex im Kopf haben, lass die Hände davon. Du handelst sonst fahrlässig oder bekommst unter Umständen handfesten Ärger mit den Männern ihrer Familie.

Was einen Jungen zusätzlich unsicher machen kann: Er muss aus dem, was ihm das Mädchen signalisiert, herausspüren, was es wohl meinen könnte. Mädchen neigen in solchen

Situationen oft dazu, sich nicht besonders klar auszudrücken. Wohl auch, weil sie befürchten, sich mit einem Nein selbst ins Aus zu schießen.

Bei Jungen und Männern kann diese Kluft zwischen Sehnsucht, dem Wunsch nach zärtlicher Erfüllung ihrer Liebesgefühle, ihrem Wunsch nach Sex und der Furcht vor Ablehnung einen aggressiven Zorn erzeugen. Die Machtlosigkeit und Verletzlichkeit löst einen ganz normalen Schutzmechanismus aus: Abwehr soll dafür sorgen, dass die Ablehnung nicht so wehtut. Bei Jungen und Männern kann sich das so äußern: Macht man den Menschen, von dem man sich abgelehnt fühlen kann, vor sich selbst klein, scheint es schon nicht mehr so sehr zu schmerzen, wenn man zurückgewiesen wird.

// Warum komme ich immer so früh?

Das ist häufig ein Problem bei jungen Männern. Vor allem wenn sie lange nicht mit einer Frau geschlafen oder sich selbst befriedigt haben. Manchmal ist ein schneller Samenerguss auch ein Zeichen dafür, dass der Junge unter einem besonderen Druck steht – etwa wenn er das erste Mal mit einem Mädchen schläft, Stress in der Schule oder am Arbeitsplatz hat.

Es kann aber auch in Angst begründet sein:
- dass das Mädchen schwanger werden könnte,
- vor einem erneuten vorzeitigen Samenerguss,
- besonders lange durchhalten zu müssen,
- gestört zu werden,
- vor zu großer Nähe,
- vor einer Bindung.

Stress jeder Art stimuliert die Ausschüttung eines Hormons, das die Gefäße der Schwellkörper erweitert und alles sozusagen im Zeitraffer ablaufen lässt. Dabei ist ein vorzeitiger Samenerguss nicht weiter schlimm, es sei denn, das Mädchen kommt regelmäßig nicht auf seine Kosten. Das muss aber nicht sein, wenn ihr weiter zärtlich miteinander bleibt. Kuscheln und Schmusen ist für Mädchen oft sogar wichtiger als der Geschlechtsverkehr selbst. Du kannst deine Freundin mit Mund und Händen verwöhnen, bis du selbst wieder erregt bist und nochmals mit deiner Freundin schlafen kannst.

In deinem Alter geht das wahrscheinlich recht schnell. Dann dauert es auch länger als beim ersten Mal. Auf alle Fälle solltet ihr euch sehr viel Zeit füreinander nehmen.

Der Penis besteht hauptsächlich aus drei Schwellkörpern, die die Harnröhre umgeben. Bei einer Versteifung des Gliedes werden diese Schwellkörper vermehrt mit Blut gefüllt, wobei der Abfluss des Blutes aus dem Glied gedrosselt wird. Dies ist ein unwillkürlicher Reflex, der vom Nervensystem gesteuert wird. Auch wenn dieser Reflex durch psychische Faktoren hemmbar oder förderbar ist, bedeutet es für jeden Mann: Eine Erektion lässt sich nicht mit Gewalt herbeidenken, herbeizaubern oder sonst wie erzwingen. Reagiert dein Glied mal nicht so, wie du möchtest, ist das völlig normal. Es muss dich nicht beunruhigen, wenn du jetzt öfter, als es dir lieb ist, eine Erektion hast oder wenn du auch mal keine bekommst, selbst wenn du es dringend möchtest. Das passiert jedem Mann von Zeit zu Zeit immer mal wieder. Meist ist dies auf zu großen Druck zurückzuführen, der entweder von außen kommt oder vielmehr noch von innen.

Manche Männer, bei denen das häufiger vorkommt, haben unrealistische Vorstellungen darüber, wie oft und unter welchen Umständen ein Mann können muss, wie »donnernd« Sex und die Höhepunkte sein sollten, und vor allem darüber, wie groß und stark ein Glied sein sollte. Da in unseren Betten ein enormer Leistungsdruck herrscht und wirklichkeitsfremde Normen aufgestellt werden, erwarten Männer Unmögliches von sich selbst.

Zu befriedigendem Sex gehört nicht zwangsläufig ein steifes Glied, sondern die beiderseitige Bereitschaft, sich aufeinander einzulassen. Sex ist nicht gleichbedeutend mit Geschlechtsverkehr. Alles, was zwei Menschen aus sexueller Lust miteinander tun, ist Sex.

Männlichkeit beweist man nicht durch Supererektionen auf Knopfdruck. Als Mann musst du lernen, dass Erektionen kommen und gehen, wie sie wollen, und dass man nicht unbedingt ein steifes Glied braucht, um mit einer Frau im Bett glücklich zu sein. Sex ist kein Leistungssport!

// Bin ich ein guter Liebhaber?

Gibt es beim Sex wirklich Jungen und Mädchen, die besser sind als andere? Was macht einen Jungen oder einen Mann zum guten Liebhaber? Gibt es raffinierte Tricks, die man lernen kann?

Um es gleich vorwegzunehmen: Mit Technik hat das nichts zu tun. Klar befürchtest du, dass ein Mädchen oder eine Frau herumerzählt, du seist im Bett eine Niete. Das ist so ziemlich der größte Killer für das Selbstbewusstsein. Vielleicht denkt mancher Junge sich sogar: »Bevor ich wieder etwas falsch mache, lasse ich lieber die Finger von den Mädchen.« Es braucht dann schon ein sehr einfühlsames, verständnisvolles Mädchen, um diese Blockade im Kopf wieder zu lösen.

Dabei steht es fest: Leistungsdruck beim Sex ist Unsinn. Jungen Pärchen kommt es heute weniger auf sexuelle Akrobatik an als auf Liebe. In einer Untersuchung gaben mehr als 80 Prozent der Mädchen und mehr als 70 Prozent der Jungen an, dass Sex ihnen nur wichtig sei, wenn auch Liebe und Vertrauen stimmen. Und so hat das Gut-im-Bett-Sein in erster Linie etwas mit Sich-öffnen zu tun. Es geht nicht darum, eine antrainierte Technik möglichst raffiniert anzuwenden, sondern sensibel auf den anderen einzugehen, sich wirklich dem Moment hinzugeben und für eine bestimmte Zeit die Kontrolle über sich abzugeben. Das setzt natürlich ein gewisses Vertrauen in die Partnerin voraus. Wo sich wirkliche sexuelle Lust aufeinander einstellt und sich das Paar aufeinander einlässt, findet es meist seine eigenen Liebesspiele heraus.

Wenn es ums Schmusen, Petting oder um den Geschlechtsverkehr geht, machen viele Paare den Fehler, das Erlebnis des ersten Mals immer wieder wie ein festes Ritual zu wiederholen. Das kann zu einem Teufelskreis führen: Weil man den Partner nicht verletzen möchte, macht man mit und verzichtet auf neue Erkundungen, Vorstöße und Erfahrungen. Das führt zu Unzufriedenheit und zu Frust.

Um das zu verhindern, muss man mit der Partnerin darüber reden können. Das klappt aber meist nur, wenn man das von Anfang an tut. So kann man sich auch zeigen, welche Berührungen an welchen Stellen am meisten schöne Gefühle hervorrufen. Manchmal reicht es auch schon aus, sanft und liebevoll die Hand des anderen an die betreffenden Stellen zu führen. Wenn du neugierig und liebevoll mit Händen und Zunge den Körper deiner Freundin erforschst, wird aus ihren Äußerungen und kleinen Seufzern schnell klar, wo ihre besonders empfindlichen Zonen sind. Der spezielle Reiz liegt darin, es abwechselnd zu tun. Das heißt, dass mal der eine, mal der andere Partner passiv genießt und sich seinen Gefühlen hingibt.

Natürlich sind auch einige andere Dinge von Bedeutung, die den Sex zum Erfolg kommen lassen: Ihr solltet ungestört sein und ein Zimmer für euch allein haben. Vielleicht mögt ihr eine stimmungsvolle gemeinsame Lieblingsmusik oder Kerzenlicht, um in Stimmung zu kommen. Und natürlich solltet ihr Zeit haben. Klar, ein Quickie zur rechten Zeit am rechten Ort kann manchmal sehr aufregend sein. Nur: Es handelt sich dabei stets um wenige Minuten Lust. Wenn sich ein Paar jedoch mit Muße gegenseitig mit zunächst nur verhaltener Leidenschaft zärtlich berührt, streichelt und küsst, wird es möglich, intensivste Empfindungen zu erleben und höchste Gipfel der Lust zu erklimmen.

// Was ist pervers?

Die Frage muss wohl eher lauten: Was ist normal? Das hing schon immer von Kulturkreis, Moralvorstellungen und der jeweiligen Zeit ab und nicht zuletzt von der Einstellung, die jeder Einzelne dazu hat. Noch im vergangenen Jahrhundert galt es als pervers, wenn eine Frau ihre Lustgefühle offen zeigte. Heute ist es wahrscheinlicher, dass eine Frau, die auf ihre Sexualität verzichtet, als »unnormal« abgestempelt wird. Auch Selbstbefriedigung galt lange Zeit als pervers und schändlich.

Sexualwissenschaftler sind dazu übergegangen, statt von Perversionen von »Varianten« des Sexualverhaltens zu sprechen. Gemeint sind damit auch belästigende Verhaltensweisen wie Exhibitionismus und Voyeurismus, die meist zwanghaft sind und als Ersatz für »echte« Sexualität herhalten müssen. Meist sind es Männer, die einen größeren Hang zu solchen Verhaltensweisen haben. Wo das Normale aufhört und das Perverse anfängt, wird von jedem einzelnen Menschen anders betrachtet. Es gibt Sexpraktiken, die für manche Menschen wirklich unvorstellbar sind, doch von anderen werden sie bevorzugt. Das sind Grenzen, die jeder Mensch, jedes Paar für sich selbst abstecken muss.

Allerdings gibt es wirklich Dinge, die aus dem Rahmen fallen und strafrechtlich verfolgt werden müssen: Strafbar ist unter allen Umständen und auf alle Fälle jede Form von Vergewaltigung. Als besonders pervers gilt Sex mit Kindern. Mit Gefängnis bis zu zehn Jahren müssen Erwachsene rechnen, wenn sie sich an Minderjährigen vergehen. Dazu zählt auch, dass Kinder für Pornofilme missbraucht werden. Allein der Besitz von Kinderpornos wird strafrechtlich verfolgt. Werden Exhibitionisten, die ihre Geschlechtsorgane in der Öffentlichkeit zeigen, angezeigt, müssen sie mit einer Verurteilung rechnen.

Das gilt auch für die Pornografie. Pornografie soll durch die hautnahe Darstellung von sexuellen Handlungen in Wort und Bild sexuell erregen. Die weiche Variante (Softcore) täuscht den Geschlechtsakt nur vor. Die Darsteller harter Pornos tun es tatsächlich. Sehr häufig spielen bei harten Pornos Gewalt und Brutalität eine große Rolle. Laut Strafgesetzbuch muss ein Porno beschlagnahmt werden, wenn er Gewalt, sexuellen Missbrauch von Kindern oder sexuelle Handlungen mit Tieren zeigt.

Wenn man über 18 Jahre alt ist, ist es legal, Pornos anzuschauen. Einem Minderjährigen ist allerdings nicht per Gesetz verboten, Pornos anzusehen, sondern es ist verboten, Pornos Minderjährigen zugänglich zu machen, d. h. dass diejenigen Erwachsenen dann mit einer Strafe rechnen können. Wenn du dir aus Neugier mal einen Porno ansiehst und du dabei erwischt wirst, wird dir also erst mal nichts passieren, außer dass es dir wahrscheinlich peinlich ist. Da es mittlerweile durch das Internet ziemlich einfach geworden ist, Pornos zu schauen, auch wenn sie nicht für dein Alter gedacht sind, solltest du dir unbedingt klarmachen, dass die meisten Pornos keinen natürlichen Geschlechtsakt darstellen, sondern durch teilweise extreme Handlungen mehr Klicks und damit verbunden mehr Einnahmen durch Werbung einfordern wollen. Diese Videos sollten also nicht unbedingt das Vorbild für dein erstes sexuelles Erlebnis werden. Viele Pornos zeigen Frauen in einer untergeordneten Rolle, sie ist dem Mann zu Diensten und wird zum Objekt herunterstilisiert. Das sollte in der Realität kein Ansporn für das Sexualleben sein. Du wirst sicher schnell merken, dass deine Freundin wahrscheinlich andere Vorstellungen hat. Es ist ganz wichtig, dass ihr zu zweit herausfindet, was euch Spaß macht. Die meisten Jugendlichen begreifen das aber ziemlich schnell und können gut zwischen Film und realem Leben unterscheiden. Solltest du aber jemals einen Porno sehen, der dich wegen seiner Brutalität oder Perversion richtig verstört, dann sprich mit jemandem darüber, ansonsten kann es passieren, dass du diese Bilder in deinem Kopf auf lange Zeit nicht mehr loswirst.

Pornos schauen übrigens nicht nur Männer, sondern auch Frauen, auch wenn es wahrscheinlich die meisten nie zugeben würden und man deshalb allgemein annimmt, Frauen würden sehr viel weniger Pornos schauen. Allerdings scheinen sie laut Umfragen eher Pornos mit ihrem Partner zusammen zu sehen, während bei den Männern eher die Singles Pornos schauen.

// Wie bekomme ich meine sexuellen Wünsche erfüllt?

Oft bleiben erotische Wünsche unausgesprochen. Aus Scham oder Angst, die Freundin zu verletzen. Meist merkt man schon instinktiv, ob sie etwas mitmachen möchte oder nicht. Manchmal versucht ein Junge aber auch, seine Freundin zu etwas zu überreden, was sie sich in ihren kühnsten Träumen nicht vorzustellen vermag. Eine häufige Beschwerde von Jungen und Männern ist, dass ihre Partnerinnen sich scheuen, bestimmte Wünsche zu erfüllen – etwa sein Glied mit dem Mund zu liebkosen oder sich von hinten lieben zu lassen. Es gibt eine Reihe von Praktiken, die für ein junges Mädchen gewöhnungsbedürftig sind und die es auf keinen Fall tun sollte, wenn es sich dafür nicht reif fühlt.

In der Liebe ist nur erlaubt, was beiden gefällt. Andersherum ausgedrückt: Es ist nicht erlaubt, was nur einem gefällt. Auch wenn es uns schwerfällt, müssen wir über die eigenen intimsten Wünsche sprechen, sollen sie erfüllt werden. Und wir müssen eine Ablehnung in Kauf nehmen, wenn der andere etwas dagegen hat. Überredungskünste sind hier nicht angebracht. Die Gefühle des anderen müssen akzeptiert werden.

Allerdings kann man sich auch gemeinsam liebevoll an neue Dinge herantasten. In der sexuellen Liebe steht Einfühlungsvermögen an erster Stelle. Wer dem anderen durch leise erotische Signale zu verstehen gibt, was ihm besondere Freude macht, und ihn auch seine sexuelle Erregung spüren lässt, gibt ihm die Möglichkeit, selbst einen Weg zu finden.

// Ist es schädlich, sich oft zu befriedigen?

Lange Zeit glaubte man, Selbstbefriedigung sei schädlich und Teufelswerk. Heute weiß man, dass das der bare Unsinn ist. Früher wurde Jungen weisgemacht, von der Selbstbefriedigung bekäme man einen krummen Rücken oder müsse gar mit Gehirnschwund rechnen. Ja, sie wurden sogar bestraft, wenn sie dabei erwischt wurden, wie sie selbst Hand an sich legten.

Sich selbst sexuellen Spaß zu bereiten, ist weder unmoralisch noch gesundheitsschädlich. Im Gegenteil: Selbstbefriedigung ist eine ganz normale Spielform der Sexualität und hat eine ganze Reihe von guten und sogar gesunden Eigenschaften. Die meisten Menschen machen ihre ersten sexuellen Erfahrungen bei der Selbstbefriedigung. Fast alle Jungen und ein großer Teil der Mädchen befriedigen sich selbst. Übrigens: Auch Erwachsene tun es! Es ist die beste Möglichkeit, sich selbst kennen- und lieben zu lernen, sich selbst anzunehmen, Lust und Gefallen am eigenen Körper zu finden. Jugendlichen ermöglicht sie, sexuelle Erfahrungen mit sich selbst zu sammeln, sich aber Zeit und Muße bei der Partnersuche zu lassen.

Jungen entdecken die Selbstbefriedigung relativ schnell, nachdem sie ihren ersten unwillkürlichen Samenabgang hatten. Es ist für sie die beste Möglichkeit, »Dampf abzulassen«, weil ihr Sperma manchmal förmlich auf Entladung drängt. Für Mädchen ist es ebenfalls eine sinnvolle Erforschung des eigenen Körpers. Viele Mädchen lernen erst so, ihre eigene Sexualität zu entwickeln und auch einen Orgasmus zu haben. Es ist eine wesentliche Erfahrung, die es ihnen zudem ermöglicht, die Sexualität mit einem Partner selbstbewusster und entspannter zu genießen, ihm auch zu sagen, was in der Liebe besonders schön ist, was und wo es am meisten Spaß macht. Allerdings kommen sie oft nicht auf die Idee, dass diese Form der Eigenliebe etwas für sie selbst sein könnte. Es gibt keinen Grund, sich zu schämen, wenn man sich selbst befriedigt. Wahrscheinlich ist es auch für dich befriedigender, wenn du mit einem Mädchen zusammen bist, das schon mit sich selbst Erfahrungen gesammelt hat.

Selbstbefriedigung ist überdies eine Möglichkeit, sexuell zu leben, für all diejenigen, die gerade keinen Partner haben, deren Partner nicht da ist, die Schwierigkeiten mit ihrem Partner haben, die andere Vorstellungen über die Häufigkeit von Sex haben als der Partner. Frauen streicheln dabei ihre Brüste und massieren ihren Kitzler, manche stecken sich einen Finger in die Scheide und bewegen ihn hin und her. Männer befriedigen sich selbst, indem sie ihr Glied mit der Hand rhythmisch reiben, so wie es ihnen Spaß macht. Meist wird dabei die Vorhaut hin- und hergeschoben.

Jungen befürchten oft, dass zu häufige Selbstbefriedigung schädlich sein könnte. Selbstbefriedigung kann so oft betrieben werden, wie es Spaß macht und wie die Geschlechtsorgane es mitmachen, ohne wund zu werden. Du selbst wirst merken, falls es dir zu viel wird. Meist ändert es sich sowieso, wenn du eine sexuelle Beziehung eingehst. Selbstbefriedigung darf allerdings nicht dazu führen, dass du dich immer mehr zurückziehst. Falls du das tust, obwohl du eine feste

Partnerschaft hast, ist das ein Zeichen dafür, dass mit euch beiden etwas nicht in Ordnung ist und du dich aus der Beziehung ausklinkst.

// Mädchen interessieren mich nicht – bin ich schwul?

In den meisten Menschen scheint die Möglichkeit angelegt zu sein, sich zu beiden Geschlechtern hingezogen zu fühlen. Manche pendeln ihr Leben lang zwischen den beiden hin und her, das nennt man bisexuell. Erst dann, wenn sich das sexuelle Verlangen ausschließlich auf das eigene Geschlecht verlagert, spricht man von Homosexualität. Der Begriff kommt vom Griechischen »homos« für »gleich« und dem lateinischen »sexus« für »Geschlecht«.

Viele Forscher haben sich mit der Frage befasst, woher die homosexuelle Neigung stammen könnte. Ob sie erblich ist, durch eine bestimmte Hormonkonzentration im Mutterleib oder durch die Erziehung zustande kommt, ist jedoch letztlich egal. Jeder Mensch hat das Recht, selbst zu entscheiden, wem er seine Liebe schenken und auf welche Weise er seine Sexualität ausleben möchte.

Homosexuelle Männer erfuhren jahrhundertelang teilweise härteste Strafen. Sehr oft mussten sie für ihre Neigung mit dem Leben bezahlen. Die Engstirnigkeit der Umwelt machte es vielen homosexuellen Jungen und Mädchen so schwer, sich offen zu ihrer Neigung zu bekennen. Viele brauchten Jahre für ihr Coming-out. Doch in den vergangenen Jahren hat sich eine gesellschaftliche Wandlung vollzogen. Homosexuellen ist durch den Gesetzgeber inzwischen die Möglichkeit gegeben worden, in Deutschland offiziell einen Bund fürs Leben zu schließen, sich zu »verpartnern«. Das ist zwar als Fortschritt zu werten, aber die »Verpartnerung« ist leider noch nicht mit der Ehe gleichzusetzen. So haben gleichgeschlechtliche Partner in dieser Verbindung zwar alle Pflichten gegenüber dem Staat, jedoch weniger Rechte als ein heterosexuelles Ehepaar, dies betrifft z. B. das Adoptionsrecht. Die politische Debatte um die Gleichstellung gleichgeschlechtlicher Paare ist noch nicht abgeschlossen. In Österreich und der Schweiz haben homosexuelle Paare bisher keine Möglichkeit zu heiraten.

Manche Menschen merken schon relativ früh, dass sie homosexuell fühlen. Andere haben erst Kontakte zum anderen Geschlecht, bis sie oder auch ihre Partner merken, dass ihnen das gar nicht so liegt. Seine eigene Homosexualität zu erkennen und zu leben, geht nicht wie ein Paukenschlag, sondern ist ein langwieriger Prozess. Wenn du merkst, dass du Jungen lieber hast als Mädchen, wird dich das vielleicht verwirren. Es ist zunächst schwer, unbefangen mit dieser Erkenntnis umzugehen und sie auch so den Eltern oder Freunden zu präsentieren. Vielen jungen Menschen fällt es nicht leicht, anderen zu offenbaren, dass sie homosexuell sind. Wir sind keine Einzelwesen, sondern einer Vielzahl von Einflüssen ausgesetzt. Auch unsere eigene Einstellung setzt sich aus dem zusammen, was wir jemals über ein Thema bewusst oder unbewusst mitbekommen haben. Eltern, Schule, Fernsehen, Medien, Werbung, Kirche und Politik bestimmen auf diese Weise indirekt auch unser Sexualleben mit.

Dass deine Eltern auf deine Mitteilung vielleicht anfangs nicht so happy reagieren, solltest du zu verstehen versuchen. Denn es ist nicht zwangsläufig böse gemeint und gegen dich gerichtet. Sie werden einfach erst einmal Angst haben, dass es dir nicht gut gehen könnte, sie werden sich Sorgen machen, weil ein Weg vor dir liegt, bei dem sie dir nur bedingt helfen können. Auch werden sie sich von dem Gedanken trennen müssen, eine Schwiegertochter samt Enkelkindern zu bekommen.

Sollten deine Eltern nicht so gut damit klarkommen und ihr Abfindungsprozess länger dauern, als du mit deiner eigenen Entwicklung warten kannst, scheue dich nicht, dir Hilfe oder Gleichgesinnte zu suchen. Du musst nicht alles allein durchmachen. Es gibt heute in allen großen und den meisten kleinen Städten Beratungsstellen für Homosexuelle, wo du dir Rat holen kannst. Auch in anderen Beratungseinrichtungen findest du vorbehaltlose Hilfestellung oder den Hinweis, wohin du dich wenden kannst.

Homosexuelle verkehren oft in Kreisen, in denen sie selbst die Spielregeln bestimmen. Daraus hat sich eine eigene Kultur entwickelt, die auch Heterosexuelle interessant finden.

Während es in Großstädten einschlägige Lokale, Buchläden und Cafés gibt, in denen auf lockere Art Kontakte geknüpft werden können, finden homosexuelle Jungen auf dem Lande schwerer Anschluss.

Wenn du aber mit offenen Augen durch die Welt gehst, wirst du wahrscheinlich bemerken, dass auch in deiner engsten Umgebung ein Junge oder ein Mann ist, der dir aus eigener Erfahrung etwas raten kann. Wichtig ist besonders für homosexuelle Jungen, zu beachten, dass gerade der Analverkehr einer der Hauptübertragungswege für Aids ist. Du musst dich daher auf alle Fälle mit Kondomen schützen!

Auch unter heterosexuellen Paaren wird Analverkehr häufiger angewendet, als wir es gemeinhin denken. Der Po ist in der Tat eine sehr erogene Zone, die schon auf leichte Berührung sensibel reagiert. Doch die zarte Haut des Darmausgangs kann sehr leicht einreißen und die Ansteckungs- und Entzündungsgefahr erhöhen.

// Wie kann ich verhindern, jetzt schon Vater zu werden?

Seine Sexualität auszuleben, ist schön, bedeutet aber auch, Verantwortung zu übernehmen – für Jungen wie für Mädchen. Obwohl so viel über Verhütung geredet und geschrieben wird, gehen immer noch viel zu viele junge Leute ungeschützt in den Geschlechtsverkehr. Trotz aller Aufklärung werden es wieder mehr. In den vergangenen Jahren hat die Zahl der Teenagerschwangerschaften zugenommen.

Natürlich ist es nachvollziehbar, dass Jungen in eine Situation hineinrutschen, in der sexuelle Lust die Verhütung vermeintlich unwichtig werden lassen kann oder in der sie das Gefühl haben, Verhütung sei nicht ihre Sache. Doch das ist sehr gefährlich, denn ein einziger Verkehr reicht für eine Schwangerschaft aus. Eine ungewollte Schwangerschaft ist eine schwere Hypothek für die Zukunft. Auch für einen Jungen. Von moralischen und ethischen Bedenken einmal abgesehen: Der Abbruch einer Schwangerschaft ist keine Verhütungsmethode, sondern ein immenser Eingriff in den Körper und die Seele eines Mädchens. Und eine Sache, die du mit zu verantworten hast, zu der du ein Mädchen niemals zwingen kannst (und darfst). Entschließt sie sich, das Baby auszutragen, trägst auch du lebenslange Verantwortung für das Kind.

Doch es geht nicht nur um Verhütung, auch der Schutz vor Geschlechtskrankheiten ist unerlässlich. Wer in keiner festen Partnerschaft lebt und Geschlechtsverkehr mit häufig wechselnden Partnern hat, muss sich vor Aids und anderen Geschlechtskrankheiten schützen. Und das ist ja heute überhaupt kein Problem mehr: Kondome gibt es überall in Drogerien und Supermärkten zu kaufen.

Eine zuverlässige Verhütung ermöglicht es Jugendlichen, einander sexuell kennenzulernen, ohne dass sie sich binden müssen. Sie macht es möglich, eine entspannte Sexualität ohne Angst vor Schwangerschaft zu erleben. Bewusste Familienplanung eröffnet eine wunderbare Dimension: Kinder können heute gewollt und gewünscht auf die Welt kommen. Und zwar dann, wenn die Eltern ihnen die besten Lebensbedingungen bereitstellen können.

Dafür bieten sich eine Reihe von modernen Verhütungsmethoden an. Für den Mann ist allerdings immer noch das

Kondom der einzige Schutz vor Schwangerschaft und Ansteckung. Alle anderen Mittel sind für Frauen, jedes hat seine Vor- und seine Nachteile. Für junge Mädchen sind wiederum nur einige geeignet. Welche Methode infrage kommt, muss im Einzelfall entschieden werden. Das ist von Gesundheit, Alter und Lebensgewohnheiten abhängig. Für junge Frauen steht Sicherheit und Bequemlichkeit an erster Stelle. Die wichtigsten Verhütungsmittel sind deshalb Pille und Kondom, am besten in Kombination miteinander.

// Wie benutze ich ein Kondom richtig?

Das Kondom ist das wichtigste Schutzmittel gegen Aids. Es ist – nach der Pille – das am zweithäufigsten eingesetzte Verhütungsmittel und das einzige, das gleichzeitig vor der Ansteckung mit einer Geschlechtskrankheit schützt. Überhaupt ist es eine der ältesten und einfachsten Methoden, die wir kennen. Und es ist nach wie vor die einzige Methode, bei der der Mann verhütet.

Das Kondom ist ein hauchdünner Gummischlauch, der an einem Ende geschlossen ist. Er wird vor dem Geschlechtsverkehr über das versteifte Glied gerollt. So wird verhindert, dass der Samen des Mannes in die Scheide der Frau gelangt. Der entscheidende Vorteil des Kondoms: Es lässt sich in jeder Hosen- und Hemdtasche unauffällig verstauen, ist bei spontanen Entschlüssen schnell zur Hand, ohne dass man lange im Voraus planen muss. Bei Paaren, die entspannt und selbstverständlich mit ihrer Sexualität umgehen, kann der Gebrauch eines Kondoms sehr sexy sein. Viele Jungen erzählen, dass sie es sehr erregend finden, wenn ihnen das Mädchen beim Vorspiel das Kondom überrollt.

Während Kondome eine Zeit lang etwas Anrüchiges an sich hatten, kann man heute völlig selbstbewusst damit umgehen. Man kann sie daher, wie gesagt, inzwischen auch überall problemlos kaufen. Die Präservative – auch Pariser oder Präser genannt – wurden ständig verändert und vor allem verbessert. Bei richtiger Anwendung sind sie sehr sicher. Kondome gibt es heute in vielen Farben, Formen und Ausführungen. Es gibt dicke, extrem strapazierfähige, dünne, besonders »gefühlsechte« Kondome, es gibt welche in Übergröße, welche mit Noppen, die die Lust steigern sollen, und welche mit Geschmack. Es gibt grüne, gelbe, schwarze, rote und Scherzkondome mit Teufelskopf, Hundekopf oder Korallenkopf.

Es sind allerdings nicht alle zur Verhütung geeignet. Es gibt noch immer eine große Anzahl minderwertiger Kondome, die schlampig verarbeitet sind. Markenlose Automatenkondome sind häufig mit Löchern übersät, die den Schutz völlig zunichtemachen. Das hat die Berliner Stiftung Warentest bei umfangreichen Tests herausgefunden. In aller Regel sind Kondome auch nur begrenzt haltbar, etwa vier bis fünf Jahre. Deshalb auch immer auf das Haltbarkeitsdatum auf der Packung gucken, besonders bei Automatenware! Am sichersten sind speziell geprüfte Markenkondome. Meist sind die Kondome mit einer Gleitcreme versehen und mit samentötenden Stoffen behandelt.

Ganz entscheidend ist natürlich, dass ihr Kondome richtig benutzt: Beim Aufreißen der Packung müsst ihr beispielsweise aufpassen, dass der dünne Gummi nicht durch einen scharfkantigen Ring oder spitze Fingernägel eingerissen wird. Anschließend muss das Kondom rechtzeitig über das aufgerichtete Glied gerollt werden. Das könnt ihr lustbringend in euer Vorspiel mit einbeziehen. Das erregte Glied darf auf keinen Fall ohne Gummi in die Nähe des Scheideneingangs kommen. Denn es kann vorkommen, dass auch schon vor dem Höhepunkt Samenflüssigkeit austritt. Das Kondom muss über dem steifen Glied abgerollt werden. Dafür wird das noch zusammengerollte Präservativ mit Daumen und Zeigefinger festgehalten und so auf das Glied aufgesetzt, dass das Röllchen wie bei einer Pudelmütze außen sitzt. Mit der anderen Hand wird das Röllchen über das Glied abgerollt. Oben an der Spitze des Gliedes soll ein kleiner Hohlraum bleiben – das sogenannte Reservoir, in dem die Samenflüssigkeit aufgefangen wird.

Habt ihr das Kondom versehentlich falsch aufgesetzt, sitzt also das Röllchen innen, müsst ihr unbedingt ein neues verwenden. Am alten könnten bereits Samenspuren sein. Habt ihr Sex gehabt, bei dem der Junge einen Samenerguss hatte, nicht warten, bis das Glied wieder schlaff wird. Das Kondom am Gummiring am Gliedansatz festhalten, damit es nicht abrutscht, dann vorsichtig aus der Scheide herausziehen. Nach dem Abstreifen des Kondoms kann an den Fingern Samenflüssigkeit sein. Deshalb Hände und Glied waschen, damit hinterher folgenlos weitergeschmust werden kann. Ein Kondom darf immer nur einmal verwendet werden. Nach der Benutzung sollte es in die Mülltonne und aus Umweltgründen nicht in die Toilette geworfen werden.

Die meisten gebräuchlichen Kondome sind mit einer Gleitcreme versehen. Solltet ihr aber dennoch das Gefühl haben, es »flutscht« noch nicht richtig, greift nicht einfach zu irgendwelchen Mitteln: Ölhaltige Substanzen wie Vaseline oder Babyöl greifen das Kondom an und verursachen kleine Löcher. Spezielle Gleitcremes gibt es inzwischen in jeder Drogerie.

Mögliche Fehlerquellen sind ansonsten relativ leicht zu bemerken: Ein Loch im Gummi ist meist unübersehbar. Auch das Abrutschen des Kondoms beim Herausziehen aus der Scheide wird kaum unbemerkt bleiben. Sollte euch das einmal passieren oder aus einem sehr seltenen Grund das Kondom platzen, ist es dringend erforderlich, dass das Mädchen gleich am nächsten Tag einen Frauenarzt oder eine Familienberatungsstelle aufsucht, um dort zu klären, ob es zu einer Befruchtung gekommen sein könnte.

Ist das wahrscheinlich, kann man ihr dort die »Pille danach« verordnen. Zeit spielt dabei eine große Rolle, denn die

»Pille danach« kann nur etwa 48 Stunden lang nach dem Malheur wirksam eingesetzt werden. Du solltest also deine Freundin unterstützen, indem du gleich am nächsten Tag mit ihr dorthin gehst.

Zusammen mit dieser Notfallmöglichkeit ist das Kondom eine der praktischsten und sichersten Methoden überhaupt.

// Welche Verhütungsmittel gibt es sonst noch?

Die Verhütung mit Hormonen ist heute der zuverlässigste Schutz vor einer Schwangerschaft. Außerdem sind sie einfach anzuwenden. Bislang wurde vor allem die Pille Mädchen und jungen Frauen empfohlen. Zusätzlich kommt aber auch ein Scheidenring infrage. Er besteht aus einem dünnen Kunststoffring, in dem die Hormone eingelagert sind. Der feine Ring wird durch die Scheide hindurch vor den Muttermund geschoben, wo er kontinuierlich seine Hormone abgibt. Sie unterbinden wie die Pille den Eisprung.

Dennoch sind sowohl Pille als auch Ring hochwirksame Medikamente mit künstlichen Hormonen, die Nebenwirkungen mit sich bringen können. Aus diesem Grund müssen sie vom Arzt verschrieben werden. Er muss sich regelmäßig davon überzeugen, dass keine Komplikationen auftreten.

Pille und Scheidenring enthalten die weiblichen Geschlechtshormone Östrogen und Gestagen (so heißt das Progesteron, wenn es aus dem Pharmalabor stammt). Die Hormone bremsen den steuernden Einfluss des Gehirns auf die Eierstöcke. Es reifen keine Eizellen in den Eierstöcken mehr heran. Der Eisprung wird unterdrückt, es gibt praktisch nur noch unfruchtbare Tage. Dadurch ist eine Befruchtung unmöglich. Der Schleim am Muttermund wird verfestigt, sodass die Samen nicht in die Gebärmutter gelangen können. Außerdem wird die Gebärmutterschleimhaut durch die künstlichen Hormone so verändert, dass sich ein befruchtetes Ei nicht einnisten kann.

Der Coitus interruptus ist keine Verhütungsmethode. Er wird hier nur der Vollständigkeit halber erwähnt. Früher wurde der »Rückzieher« öfter angewendet, weil man nichts Besseres kannte. Viele Kinder haben ihm ihr Leben zu verdanken. Beim Coitus interruptus zieht der Mann kurz vor dem Höhepunkt sein Glied aus der Scheide heraus. Diese Methode bietet praktisch überhaupt keine Sicherheit, weil schon vor dem Samenerguss winzige Mengen Samenflüssigkeit abgehen können.

// Meine Freundin ist schwanger – was nun?

Die Tragweite einer Entscheidung für oder gegen eine Schwangerschaft wird oft nicht richtig eingeschätzt, weil man meist zunächst nur die nächstliegenden Probleme im Auge hat: Wie sagen wir es unseren Eltern, dass wir ein Baby bekommen, was ist, wenn sie die Freundin nicht mögen? Wie geht es mit Schule beziehungsweise Ausbildung weiter? Wie sollen wir das alles bezahlen? Wo sollen wir wohnen? Wie sollen wir uns die Arbeit teilen?

Das ist sicher eine für dich momentan unvorstellbar lange Zeit, weil du ja selbst noch nicht so lange auf der Welt bist. Aber natürlich bist du von der Entscheidung deiner Freundin abhängig. Denn sie ist ja wesentlich mehr von der Schwangerschaft betroffen als du – letztendlich ist sie in jeder Hinsicht die Leidtragende.

Auf alle Fälle solltest du deine Freundin jetzt nach Kräften unterstützen. Als Erstes muss so schnell wie möglich durch einen Schwangerschaftstest festgestellt werden, ob deine Freundin tatsächlich schwanger ist. Denn es kann auch sein, dass sich ihre Monatsblutung verschoben hat. Am besten wäre es, wenn ihr gleich zu einer Beratungsstelle der pro familia oder in ein anderes Familienplanungszentrum gehen könntet, die es sich zur Aufgabe gemacht haben, Frauen und Paare in solchen Notlagen zu beraten und ihnen sofort weiterzuhelfen – unabhängig davon, ob sie das Baby bekommen möchten und können oder nicht. Hier werdet ihr beide ohne Vorbehalte gut aufgenommen.

Ihr könnt euch auch erst einmal mit einem Schwangerschaftstest für zu Hause Gewissheit verschaffen. Die Tests gibt es in der Apotheke oder in der Drogerie. Sie geben schon am Tag der ausgebliebenen Regel einen sehr zuverlässigen Hinweis darauf, ob die Frau schwanger ist oder nicht. Die Tests funktionieren alle auf die gleiche Weise: Hat sich in der Gebärmutter eine befruchtete Eizelle eingenistet, wird das Schwangerschaftshormon hCG (humanes Choriongonadotropin) gebildet. Gerade am Anfang einer Schwangerschaft wird es in großen Mengen ausgeschüttet, weil es verhindert, dass das keimende Leben versehentlich abgestoßen wird. Das Hormon wird jedoch wieder einfach mit dem Urin ausgeschieden.

Die Testverfahren können direkt auf der Toilette gemacht werden oder mithilfe eines Bechers, in dem der Harn aufgefangen wurde. Das Ergebnis liegt innerhalb von drei bis fünf Minuten vor und ist sicher ablesbar. Ihr solltet euch sehr präzise an die Gebrauchsanweisung halten. Zeigt das Testergebnis keine Schwangerschaft an und bekommt deine Freundin in den nächsten Tagen dennoch ihre Regel nicht, sollte sie zur Sicherheit eine Beratungsstelle oder ihren Frauenarzt aufsuchen. Auf alle Fälle könnt ihr euch so schnell wie möglich wegen der Schwangerschaftsverhütung beraten lassen. Der Test auf eine Schwangerschaft ist hier ebenfalls kostenlos. In der Beratungsstelle ist auch gleich jemand anwesend, mit dem das Ergebnis und das weitere Vorgehen besprochen werden kann. Vor allem für das Mädchen ist es wichtig, sich in guten Händen zu wissen – auch im Hinblick auf sein seelisches Gleichgewicht.

Was für ein Mädchen die beste Lösung ist, kann kein Außenstehender entscheiden. Auch wozu es sich letztlich entschließt, kann von anderen nicht als gut oder schlecht beurteilt werden. Sie darf weder zur Abtreibung noch zum Austragen des Kindes überredet werden. Selbst von dir nicht. Das ist natürlich für dich auch keine erbauliche Situation, denn du hängst nun von der Entscheidung eines anderen Menschen ab. Und auch für dich geht es schließlich um deine Zukunftsaussichten, deine Wünsche und Träume, deine beruflichen und privaten Vorstellungen, Neigungen und Abneigungen.

Ein Schwangerschaftsabbruch ist niemals eine Kleinigkeit für das Mädchen, er bedeutet einen starken körperlichen und seelischen Eingriff. Die meisten Frauen müssen in einer solchen Situation mit einem Chaos von Gefühlen, Stimmungsschwankungen und Überlegungen fertig werden. Auch ein schlechtes Gewissen oder eine religiöse Einstellung können diese Entscheidung sehr quälend und langwierig werden lassen.

Ist die Entscheidung für einen Schwangerschaftsabbruch gefallen, sollte so rasch wie möglich gehandelt werden. In den ersten zehn bis zwölf Wochen ist er mit den wenigsten Gesundheitsrisiken verbunden. In Deutschland und Österreich ist er ohnehin nur bis zur zwölften Woche erlaubt. Außerdem ist er an einige gesetzliche Vorschriften gebunden. In Deutschland darf beispielsweise eine Schwangerschaft nur abgebrochen werden, wenn vorher eine ausführliche Beratung stattgefunden hat – auch darüber, welche Hilfe dem Mädchen zusteht, wenn es das Baby bekommt. Wie das im Einzelnen geht, erklären die Mitarbeiter der Beratungsstelle oder der behandelnde Arzt. Es wäre schön, wenn du deine Freundin zum Abbruch begleiten, dabeibleiben und in den Tagen danach unterstützen könntest. Falls du selbst Probleme mit dem Abbruch hast, wirst auch du in der Beratungsstelle Hilfe finden.

Der Eingriff selbst ist für die Frau sehr unangenehm, aber körperlich gesehen nicht sehr schwerwiegend. Meist wird unter örtlicher Betäubung der Muttermund vorsichtig geweitet und das Gewebe abgesaugt. Das dauert etwa zehn Minuten. Danach muss die Frau ein bis zwei Stunden liegen und unter Kontrolle bleiben. In den nächsten Tagen muss sie sich sehr schonen. Es gibt auch die Möglichkeit, mit Medikamenten einen Abbruch der Schwangerschaft auszulösen. Das zieht sich jedoch recht lange hin und ist für die Frau sehr quälend.

Es ist enorm wichtig, dass du selbst die Verhütung von Anfang an sehr ernst nimmst und die Verantwortung dafür trägst, ebenso wie für alle anderen Dinge, die dir wichtig sind. Dann passiert es dir nicht, dass eine nur flüchtige Bekanntschaft von dir schwanger wird (vom Aids-Risiko einmal ganz abgesehen!). Schließlich kannst du dich bei einer Schwangerschaft nicht den Folgen entziehen, zumindest musst du den Unterhalt für das Kind zahlen.

// Wie kommt eine Schwangerschaft zustande?

Zu einer Befruchtung kann es kommen, wenn zur Zeit des Eisprungs ein ungeschützter Geschlechtsverkehr stattgefunden hat oder wenn sonst irgendwie Samenfäden in die Gebärmutter und Eileiter der Frau gelangt sind. (Etwa wenn du einen Samenerguss hattest, an deinen Händen Samenflüssigkeit ist und du weiter mit deiner Freundin schmust!) Ei- und Samenzellen müssen zusammentreffen und miteinander verschmelzen. Das passiert meist kurz nach dem Sprung der Eizelle in den Eileiter oder auf dem etwa viertägigen Weg in die Gebärmutter.

Bei einem Samenerguss werden etwa 400 Millionen Samen in die Scheide ausgestoßen. Nur ein kleiner Teil von ihnen schafft es, bis zum Ei vorzudringen. Nur eine Samenzelle schafft es noch weiter: Kurz vor Erreichen der Eizelle muss im Kopf des Samens noch ein Stoff freigesetzt werden, der ihm das Durchdringen der Eiwand ermöglicht. Das passiert erst so spät, weil der Samen sonst auch in andere Körperzellen eindringen könnte, wo er gar nichts zu suchen hat.

Sind Samenzelle und Eizelle miteinander verschmolzen, beginnt ein rasantes Wachstum. Die befruchtete Eizelle teilt sich nun unaufhörlich. Es entstehen erst vier, dann acht, dann sechzehn Zellen und so fort, bis sich eine kleine Zellkugel gebildet hat. Die kleine Kugel wandert zur Gebärmutter, wo sie sich etwa eine Woche nach der Befruchtung in der gut ausgepolsterten Schleimhaut für die Zeit der Schwangerschaft einnistet. Jetzt beginnt sich der gesamte Organismus umzustellen. Allmählich treten auch die ersten Schwangerschaftsanzeichen auf. Das deutlichste ist das Ausbleiben der Regel. Nach einer Weile stellen sich dann andere typische Veränderungen ein: plötzliche Übelkeit, meist morgens nach dem Aufstehen, kribbelnde Brüste, nächtlicher Harndrang, auffallende Niedergeschlagenheit, Appetitlosigkeit oder ungewöhnlicher Heißhunger.

Die Entwicklung von der befruchteten Eizelle bis zur Geburt des Kindes dauert etwa 266 Tage. Das sind rund neun Monate. Zehn Tage vor dem errechneten Ende der Schwangerschaft und zehn Tage danach bilden die Phase, in der die Geburt liegen sollte. In den ersten drei Monaten der Schwangerschaft entwickeln sich die Organe und die Gliedmaßen des Kindes. In dieser Zeit können Krankheiten der Mutter oder Störungen von außen schlimme Folgen haben. Deshalb müssen Schwangere einen ganz besonders großen Bogen um Alkohol, Nikotin und Medikamente machen.

Bis zum dritten Schwangerschaftsmonat wird das werdende Kind Embryo genannt, danach heißt es Fötus. Das Baby schwimmt im Wasser der Fruchtblase, die sich aus dem Eisack entwickelt. Dadurch wird es gut geschützt und gepolstert. Aus den Eihäuten bildet sich im Laufe der Zeit der Mutterkuchen, der das Kind mit Sauerstoff und Nährstoffen versorgt. Mutter und Kind sind über die Nabelschnur miteinander verbunden, über die auch die Stoffwechselschlacken des Kindes abtransportiert werden.

Während der neun Monate im Mutterleib wachsen aus den beiden Ursprungszellen insgesamt zwei Milliarden Zellen. Sie bilden sich mit der Zeit zum Beispiel zu den einzelnen Organen, Nerven oder Muskeln heraus. Wie sie sich entwickeln, ist in der Erbsubstanz festgelegt. Alle wesentlichen Eigenschaften sind durch die elterlichen Erbanlagen bestimmt: Haar- und Augenfarbe, Gesichts- und Körperform, Körpergröße und viele andere Dinge.

Ob ein Mädchen oder ein Junge geboren wird, steht ebenfalls von Anfang an fest: Grundsätzlich enthalten alle menschlichen Zellen 46 Chromosomen. Das sind schleifenartige Gebilde, auf denen die Erbanlagen des Menschen wie auf einer Perlenkette aufgereiht sind. Ei- und Samenzelle besitzen jedoch nur die Hälfte. Bei der Befruchtung werden also zwei Hälften zu einem Ganzen verschmolzen. Erst dann kann sich ein neuer Mensch entwickeln. Der Mann bestimmt mit seinem Samen das Geschlecht des Babys.

Jeder Samen enthält entweder ein X- oder ein Y-Chromosom. Sie werden nach ihrer Form so genannt. Das X-Chromosom trägt die Erbinformationen für ein Mädchen, das Y-Chromosom die für einen Jungen. Die Frau gibt mit der Eizelle immer ein X-Chromosom weiter. Entsteht bei der Befruchtung die Kombination XX, sind die Weichen für ein Mädchen gestellt. Befruchtet ein Y-Chromosom-Samen die Eizelle, kommen also YX zusammen, wird ein Junge zur Welt kommen.

Bis zur siebten Schwangerschaftswoche ist dennoch kein Unterschied zwischen einem Jungen und einem Mädchen zu erkennen. Sie entwickeln sich zunächst völlig gleich. Sobald Sexualhormone ins Spiel kommen, teilen sich ihre Wege: Die Geschlechtsorgane bilden sich heraus. Männliche und weibliche Geschlechtsorgane entsprechen einander: Dem Kitzler entspricht das Glied, den Eierstöcken die Hoden. Sie sind aus demselben Gewebe und deshalb in ihrer Empfindlichkeit für bestimmte Reize vergleichbar. Am Ende der Schwangerschaft ist ein kleines Kind also schon mit allen Geschlechtsorganen und Drüsen für die Bildung der Geschlechtshormone ausgestattet.

Ist das Kind reif für die Geburt, beginnt die Gebärmutter sich in einem gewissen Rhythmus zusammenzuziehen. Das nennt man Wehen. Damit will der Körper der Mutter dem Kind auf die Welt verhelfen. Beim ersten Baby dauert die Geburt vom Beginn der regelmäßigen Wehen an einige Stunden. Bei weiteren Geburten ist diese Zeit manchmal kürzer.

Eine Geburt ist für die Frau eine enorme Leistung und mit starken Schmerzen verbunden. Die Schmerzen sind Muskelschmerzen, die vom Zusammenziehen der Gebärmutter, der Erweiterung des Muttermundes und dem Herauspressen des Babys durch den engen Geburtskanal kommen. Die ersten acht Wochen nach der Geburt nennt man Wochenbett. In dieser Zeit bildet sich die Gebärmutter wieder zurück. Während der Schwangerschaft haben sich in der Brust die Milchdrüsen ausgebildet, die dem Baby für die nächsten Wochen seine Nahrung liefern. Es wird normalerweise so viel Milch gebildet, wie das Baby braucht. Je stärker es saugt, desto mehr Milch gibt die Brust.

// Wie kann ich mich vor einer Ansteckung mit Aids schützen?

Aids nimmt unter den sexuell übertragbaren Krankheiten eine Sonderstellung ein. Der Krankheitserreger ist sehr ansteckend und bringt die körpereigene Abwehr zum Erliegen. Nach Ausbruch der Krankheit kann der Körper nicht einmal mehr die Krankheitserreger abtöten, mit denen er sonst spielend fertig würde. Was einem gesunden Menschen nichts ausmacht – etwa eine Erkältung oder eine Bronchitis –, kann für Aids-Kranke zu einer todbringenden Katastrophe werden. Deswegen hat man die Krankheit auch »Erworbene Schwäche des Immunsystems« (englisch: Acquired immune deficiency syndrome, woraus sich die Abkürzung »Aids« ergibt) genannt.

Die Erreger der Aids-Krankheit – die so genannten HI-Viren – nisten sich ausgerechnet in den Zellen des Abwehrsystems ein, vermehren sich in ihnen und vernichten sie irgendwann. Man sagt zwar, nach der Ansteckung schlummerten sie in den Zellen des Menschen bis zum Ausbruch der Krankheit, in Wirklichkeit verrichten sie dort aber ihr zerstörerisches Werk. Sie vernichten das Immunsystem von innen heraus, sodass es irgendwann total wehrlos zusammenbricht.

Vor einiger Zeit hatte man noch gehofft, dass nicht bei jedem mit dem Virus infizierten Menschen die Krankheit auch wirklich ausbrechen müsste. Doch nach heutigem Kenntnisstand ist das leider nicht so. Man kann den Ausbruch mit Medikamenten länger aufhalten, aber nur selten verhindern. Es wird mit Hochdruck an neuen Medikamenten geforscht.

Übertragen wird das Aids-Virus durch Blut, Samenflüssigkeit und durch die Feuchtigkeit der Scheide. Der Hauptübertragungsweg ist Geschlechtsverkehr. Nach allem, was man heute weiß, reicht meist schon ein einziger sexueller Kontakt mit einem HIV-Positiven – wie man die Infizierten auch nennt – für eine Ansteckung aus.

Frauen werden dabei durch Männer wesentlich leichter angesteckt als umgekehrt. Sie sind zwanzigmal gefährdeter. Die Anzahl der Viren in der Samenflüssigkeit eines infizierten Mannes ist besonders hoch. Die Samenflüssigkeit gelangt direkt in die Scheide. Durch die zarte Haut dringen die Viren ins Blut ein – auch ohne dass vorher in der Scheide Verletzungen sind. Die Haut des Gliedes ist dagegen wesentlich robuster. Während der Monatsblutung ist die Gefahr erhöht, sich beim Geschlechtsverkehr anzustecken. Eine ganz besondere Risikogruppe sind junge Mädchen, denn ihre Scheidenwände sind noch durchlässiger als die von älteren Frauen. Forscher haben festgestellt, dass junge Mädchen besonders leicht angesteckt werden können, wenn sie mit einem mit dem Aids-Virus infizierten Mann schlafen.

Eine Ansteckung ist nur möglich, falls eine bestimmte Virusmenge in den Organismus kommt. Das Virus wurde zwar in allen Körperflüssigkeiten nachgewiesen, auch in Speichel, Tränen, Schweiß und Urin, jedoch nur in so geringer Menge, dass sie als nicht ansteckend gelten. Es ist weltweit kein einziger Fall bekannt geworden, bei dem das Virus durch Küssen übertragen wurde. Auch Petting ist ungefährlich. Wichtig scheint es allerdings zu sein, dass der Mann seinen Samenerguss nicht im Mund der Frau hat. Am besten ist es, wenn auch bei dieser sexuellen Praktik ein Kondom verwendet wird. Ungeklärt ist noch, warum manche Frauen sich schon nach einem einmaligen ungeschützten Geschlechtsverkehr anstecken, andere wiederum nicht, obwohl sie regelmäßig ohne Kondom mit einem infizierten Partner schlafen.

Bereits vorhandene Geschlechtskrankheiten oder Verletzungen erleichtern die Ansteckung. Deshalb ist Analverkehr besonders gefährlich, bei dem das Glied in den Darmausgang der Partnerin oder des Partners geführt wird. Da diese Körperöffnung nicht dehnbar genug ist, reißt sie leicht ein. So gelangt das Virus direkt in die Blutbahn. Da der Analverkehr besonders häufig von Homosexuellen praktiziert wird, ist das ihre größte Gefahrenquelle – vor allem wenn sie sehr aggressive Sexualpraktiken bevorzugen. Auch hier gilt: niemals ohne Kondom – egal, ob der Verkehr mit einer Frau oder einem Mann stattfindet.

Drogensüchtige, die gemeinsam ein Besteck verwenden, sind hochgradig gefährdet. Hier kommt erschwerend das Risiko hinzu, dass viele Drogensüchtige sich als Prostituierte oder Stricher Geld beschaffen müssen. Über ihre Kunden –

meistens ganz normale Männer und Familienväter –, die sich nicht mit einem Kondom schützen, ist das HI-Virus immer weiter in die Bevölkerung vorgedrungen. Viele solcher Männer verheimlichen ihre Kontakte zu Prostituierten oder Strichjungen, ihre Sexurlaube in Länder der Dritten Welt oder auch ihre Ansteckung. Diese Männer sind der einzig wirklich hoffnungslose Fall in der Aids-Vorbeugung!

Genau da lauert die Gefahr für uns alle: Niemandem ist anzusehen, ob er oder sie drogenabhängig ist, ob er oder sie auf den Strich geht, bisexuell oder mit Aids infiziert ist. Um auf Nummer sicher zu gehen, gibt es nur eine Lösung: darauf zu bestehen, dass ein Kondom verwendet wird. Am besten ist es, stets eins in der Tasche zu haben. Du solltest immer ein Kondom benutzen, wenn du mit deiner Freundin schläfst. Sprich mit ihr darüber und sag ihr ehrlich, dass du Angst vor dieser Krankheit hast. Das ist nicht übervorsichtig, sondern überlebenswichtig. Ganz sicher kommt das ihren Vorstellungen entgegen, und sie wird sogar sehr stolz auf dich sein, weil du dir so viele Gedanken um eure Beziehung machst.

Freundschaftliche Umarmungen und Wangenküsse sind nicht ansteckend. Auch Niesen und Husten sind keine Gefahr. In der Schule, beim Sport, in der Sauna, im Schwimmbad, auf Toiletten und in fremden Duschen: keine Gefahr! Haustiere und Mücken sind keine Ansteckungsquelle. Die menschliche Nähe zu einem Aids-Infizierten oder -Kranken ist mit keinem Risiko verbunden. Sie brauchen ganz besonders viel Zuwendung und Verständnis. Bezichtigungen sind sinnlos und ungerecht. Wir alle müssen lernen, damit umzugehen.

Amerikanische Aids-Experten haben für Jugendliche in Bezug auf Aids sechs ganz wichtige Regeln aufgestellt, die vielleicht auch für dich ein Anhaltspunkt sein könnten:
1. Du hast das Recht, für dich selbst zu denken!
2. Du hast das Recht auf Sex. Und die Entscheidung, ob du mit jemandem schläfst und mit wem, liegt ganz al-

lein bei dir! Du bestimmst auch, was ihr miteinander macht!

3. Du hast das Recht, dich beim Sex zu schützen!
4. Du hast das Recht, Kondome zu kaufen und zu benutzen. Und du hast allen Grund, stolz darauf zu sein, wenn du das tust!
5. Du hast das Recht, darauf zu bestehen, dass ihr Kondome verwendet!
6. Du hast das Recht, um Hilfe zu bitten, wenn du sie brauchst!

Bereits vor Jahren warnte ein amerikanischer Aids-Experte, dass Aids demnächst eine Familienkrankheit werde. In einigen afrikanischen Ländern hat sich dies auf entsetzliche Weise bereits bewahrheitet. Hunderte von Familien wurden durch die Krankheit ausgerottet, unzählige Menschen sterben täglich unter großen Qualen. Es wird geschätzt, dass beispielsweise in Thailand schon mehr als die Hälfte aller Prostituierten – fast ausschließlich sehr junge Mädchen oder Kinder – das Virus in sich trägt.

Hier schließt sich der Kreis für uns: Jährlich fliegen etwa 300 000 deutsche Männer in dieses »Sexparadies«, wo sie Kinder finden, die ihnen zu Willen sind, um ihre Familien durchzubringen. Die wenigsten Sextouristen verhüten mit Kondomen. Sie sind damit nicht nur für das Elend in diesen Ländern verantwortlich. Auch der Babystrich bei uns lebt von diesen Männern. Das bedeutet wiederum, dass sich das Risiko ihrer oft nichts ahnenden Freundinnen und Frauen dramatisch erhöht, sich unbemerkt anzustecken. Infizierte schwangere Frauen aber können während der Geburt und beim Stillen ihr Baby anstecken.

// Soll ich einen Aids-Test verlangen?

Manche Menschen glauben allen Ernstes, dass man Leuten ansehen könnte, ob man sich bei ihnen ansteckt oder nicht. Das ist gefährlicher Unsinn. Sich von einem Mädchen nachweisen zu lassen, dass sie bei einem Aids-Test war, ist allerdings auch eine trügerische Sicherheit. Denn der derzeit gebräuchliche Test sagt nicht, ob und wann jemand an Aids erkrankt. Er weist nicht den Aids-Erreger nach, sondern nur die Reaktion des Körpers auf einen Kontakt mit dem Virus. Diese Körperantwort tritt erst nach zwölf Wochen auf. Das Testergebnis sagt nur etwas über Kontakte aus, die drei Monate und länger zurückliegen. Alle »frischeren« Infektionen werden dadurch nicht erfasst.

Einen Test zu machen wird all denjenigen geraten, die für sich selbst ein hohes Risiko befürchten: Homosexuelle Männer, die ständig wechselnde Partner haben, Drogenabhängige, die mit anderen an einer Nadel hängen, Frauen, die wissen, dass ihr Partner bisexuell oder drogenabhängig ist, und Sextouristen. Es geht dabei immer um einen eindringenden, ungeschützten Geschlechtsverkehr, nicht um Zärtlichkeiten! Wer nach einem »Fehltritt« – einem ungeschützten Verkehr mit einem Unbekannten im Urlaub oder nach dem Discobesuch etwa – einen Test erwägt, muss zwölf Wochen abwarten.

Jeder Infizierte – egal, ob er von seiner Ansteckung weiß oder nicht – kann andere Menschen anstecken. Damit trägt jeder Mensch nicht nur für sich selbst Verantwortung, sondern auch für alle Menschen, mit denen er es zu tun hat. Auch für Kinder, die noch geboren werden sollen. Wenn nicht jeder Einzelne diese Verantwortung übernimmt, wird die Krankheit nie eingedämmt werden.

Die Empfehlung von Aids-Experten an junge Leute: Wenn zwei Menschen mit »sexueller Vergangenheit« sich kennen- und lieben lernen und zusammenbleiben wollen, sollten sie einige Monate nur mit Kondom Sex haben und sich dann testen lassen. Danach könnten sie gemeinsam in eine unbelastete Zukunft treten. Einen Test kann man beim Hausarzt oder Frauenarzt machen lassen. In den öffentlichen Aids-Beratungsstellen ist der Test anonym und kostenlos. Hier sind im Ernstfall – also bei einem positiven Testergebnis – auch erfahrene Beratungspersonen da, die einem in dieser Situation helfen können. Sie wissen, wie man trotz aller Ängste die notwendigen Entscheidungen treffen kann. Sollte der Test tatsächlich positiv ausfallen, sind die Ärzte allerdings dazu verpflichtet, den Krankheitsfall dem Gesundheitsministerium zu melden.

// Wie schütze ich mich vor Geschlechtskrankheiten?

Das Kondom schützt auch vor anderen Krankheiten, die im Bett übertragen werden – den sogenannten sexuell übertragbaren Krankheiten (STD = sexually transmitted diseases). Das Ansteckungsrisiko erhöht sich mit jeder neuen Partnerin oder jedem neuen Partner, denn der Körper muss bei jedem Kontakt jeweils mit neuen und anderen Krankheitserregern fertig werden. Da sich der Körper immer wieder mit anderen Anfechtungen auseinandersetzen muss, kann das Abwehrsystem des Organismus allmählich in Mitleidenschaft gezogen werden. Das ist der Grund dafür, warum der ersten Infektion meist weitere folgen und sich oft mehrere Keime aufeinander setzen.

Die klassischen Geschlechtskrankheiten sind Gonorrhoe und Syphilis. Früher sind viele Menschen daran gestorben. Heute kommen sie eher selten vor und können durch verbesserte medizinische Möglichkeiten sogar geheilt werden. Doch sie sind beileibe nicht ausgerottet und erleben gerade einen neuen Aufschwung. Auch mit Hepatitis B kann man sich durch Geschlechtsverkehr anstecken, allerdings sind die meisten schon als Kind dagegen geimpft worden. Wenn du das nicht weißt, schau in deinem Impfausweis nach oder frag deine Eltern.

Eine der häufigsten sexuell übertragbaren Krankheiten, vor allem bei Jugendlichen, sind Chlamydieninfektionen. Da es für sie nur kleine Anzeichen gibt, werden sie oft übersehen und unwissentlich weitergegeben. Weißlicher Ausfluss aus der Harnröhre, Schmerzen beim Urinieren oder beim Sex sind die Anzeichen, bei denen du zügig zum Arzt gehen solltest. Selbst wenn die Beschwerden vorher weniger werden, die Infektion kann noch im Körper sein und sich dann auch gefährlicherweise auf die Hoden übertragen.

Auch Filzläuse werden beim Sex übertragen. Diese sind jedoch nicht zu übersehen und verursachen starken Juckreiz. Ihre Ausscheidungen erzeugen oft rostbraune Flecken in der Unterhose. Sie sind vergleichsweise harmlos, müssen aber mit einem chemischen Mittel abgetötet werden.

Durch Geschlechtsverkehr wechseln aber auch Pilze, Viren, Trichomonaden und bakterielle Erreger den Besitzer. Sie können lästige Beschwerden wie Juckreiz, Ausfluss und Brennen beim Wasserlassen hervorrufen. Unbehandelt können sie zu Unfruchtbarkeit führen. Männer stecken Frauen wesentlich leichter an als umgekehrt. Zudem entziehen sie sich häufig der Behandlung, weil sie oft nur wenig Beschwerden haben. Oder es ist ihnen peinlich, deswegen zum Arzt zu gehen. Viele Jungen und Männer warten damit, bis sie von ihrer Partnerin mehr oder weniger gezwungen werden, die Krankheit mit Medikamenten ausheilen zu lassen. Das ist insofern unverantwortlich, als sie damit ihre Partnerinnen immer wieder aufs Neue anstecken können. Man steckt sich hauptsächlich beim Geschlechtsverkehr an. Die meisten Erreger sterben außerhalb des Körpers rasch ab. Eine Übertragung durch Toilettenbrillen, Duschen, Saunen oder Sportanlagen ist mit Ausnahme von Pilzen nicht möglich.

Pilze, Warzen und Herpes werden durch Viren übertragen, die sich drastisch vermehren können, wenn das Immunsystem geschwächt ist. Falsche Ernährung, Nikotin, Alkohol, andere Drogen, Stress, Kummer, Ärger, zu wenig Bewegung und Entspannung schaden der Abwehrkraft.

Besonders gefürchtet sind Warzenviren, denen die Entstehung von Gebärmutterhalskrebs zur Last gelegt wird. Alle Unterleibsinfektionen können schwerwiegende Folgen nach sich ziehen, unter anderem ungewollte Kinderlosigkeit.

Wer ein Kondom benutzt und auch sonst etwas auf sich aufpasst, erspart sich also eine Menge Unannehmlichkeiten und kann unbeschwerter durchs Leben gehen.

// Ich wurde missbraucht – wo finde ich Hilfe?

Sexueller Missbrauch von Kindern ist bei uns häufiger anzutreffen, als uns lange Zeit bewusst war. Kaum ein Tag vergeht, an dem nicht Meldungen über neue Fälle in den Zeitungen oder aus unserem Umfeld die Runde machen. Die Zahl der Betroffenen, die den Missbrauch öffentlich machen und die Täter verfolgt sehen wollen, wächst. Auch Jungen sind Opfer sexuellen Missbrauchs, ebenso wie Frauen als Täterinnen infrage kommen.

Missbrauchserlebnisse haben für die persönliche Entwicklung schwerwiegende Folgen. Jungen tun sich wahrscheinlich schwer damit, zuzugeben, dass sie in der Kindheit missbraucht wurden oder immer noch missbraucht werden. Für Kinder ist es eine Überlebensstrategie, über das zu schweigen, was mit ihnen passiert. Zumal sie oft nicht verstehen, was da mit ihnen geschieht – meist durch einen Menschen, dem sie vertraut haben. Viele Täter setzen das Kind unter Druck, drohen ihm mit Gewalt oder irgendwelchen Strafen. Oder es wird ihm eingeredet, dass ihm sowieso niemand glauben wird. Manche Täter oder Täterinnen bestechen das Kind oder den Jugendlichen auch mit Geld, Geschenken oder anderen Gunstbeweisen.

Bei den Tätern und Täterinnen handelt es sich selten um Unbekannte. Häufig sind es Männer und Frauen aus der eigenen Familie, Vater, Großvater, Stiefvater, Onkel. Was das für einen Jungen bedeutet, kann man sich vorstellen. Damit wird ihm gegen den eigenen Willen eine noch nicht altersgemäße Sexualität aufgezwungen − notfalls auch unter Einsatz körperlicher Gewalt. Zum anderen geht dies von einer Person aus, die eigentlich eine Vertrauensperson sein soll. Wem kann man sich da noch anvertrauen?

Ein älteres Familienmitglied hat meist aufgrund seiner Körperstärke und seiner Stellung in der Familie so viel Macht, dass Abwehr oder Gegenwehr kaum möglich sind.

Natürlich sollte der Junge erst mal versuchen, mit seinen nächsten Vertrauenspersonen zu reden. Manchmal kommt es aber vor, dass Verwandte etwas so Schreckliches nicht wahrhaben wollen und sich davor schützen, indem sie blockieren und dem Jungen vielleicht sogar unterstellen, zu lügen. Das ist natürlich eine zusätzliche Verletzung für den Jungen, zudem fühlt er sich auf einmal selber schuldig, obwohl er das Opfer ist. Dieses Gefühl verstärkt sich wahrscheinlich, je älter der Junge beim Missbrauch ist. Typisch für den sexuellen Missbrauch innerhalb der Familie oder des Bekanntenkreises ist die Wiederholung und der Druck der Geheimhaltung. Nicht selten geht die Qual über Jahre hinweg. Viele Jungen können erst in der Pubertät oder sehr viel später darüber sprechen.

Bist du Opfer eines sexuellen Missbrauchs geworden, wirst du viel Kraft brauchen, um damit fertig zu werden. Du solltest dir als Erstes eines klarmachen: Vergewaltigung durch bekannte oder fremde Menschen ist ein entsetzliches und demütigendes Ereignis. Es kann Jahre, manchmal auch ein Leben lang dauern, bis sich die Betroffenen seelisch wieder erholen und sich sicher fühlen können. Jeder Junge kann gegen seinen Willen zum Sex gezwungen, kann Opfer einer Vergewaltigung werden. Kein Junge kann etwas dafür – es ist und bleibt ein unerlaubter Übergriff und damit ein kriminelles Vergehen. Und zwar völlig unabhängig davon, wie der betreffende Junge sich verhalten hat oder ob er sich hätte zur Wehr setzen können.

Wer Opfer eines sexuellen Missbrauchs wurde, braucht unbedingt Hilfe. Ist es tatsächlich der Fall, dass in der eigenen Familie niemand in der Lage ist zu helfen, gibt es spezielle Hilfseinrichtungen, in denen betroffene Kinder und Jugendliche von Menschen aufgenommen werden, die damit Erfahrung haben. Hier können sie oft auch eine Weile unterkommen, bis klar geworden ist, was zu tun ist. Sexuelle Übergriffe haben fast immer Auswirkungen auf die spätere Partnerschaft bis hin zur Unfähigkeit, sich in einer Beziehung wohlzufühlen. Du solltest dich nicht scheuen, dir Hilfe zu suchen. Je eher du das tust, je eher du mit anderen – vielleicht Leidensgenossen – darüber sprechen kannst, je eher du Menschen findest, die dir vorbehaltlos Vertrauen und Rückhalt geben, desto besser sind deine Chancen.

// familie & freunde

Warum meckern meine Eltern ständig an mir herum?
Sie brauchen wahrscheinlich eine Gewöhnungszeit, bis sie deine Selbstständigkeit akzeptieren.

Wieso findet mein Vater so wenig Zeit für mich?
Sag ihm, dass du gerne mehr mit ihm machen möchtest. Vielleicht ahnt er das gar nicht.

Warum interessieren sich meine Eltern nicht für mich?
Im Alltag können viele Dinge zusammenkommen, die dir dieses Gefühl geben, doch in den meisten Fällen stimmt das nicht.

Bin ich schuld, wenn meine Eltern sich nicht verstehen?
Kinder sind daran niemals schuld.

Meinen Eltern passen meine Freunde nicht.
Vielleicht sollten sie sie einmal richtig kennenlernen.

Wieso fühle ich mich »draußen« ohne meine Freunde unwohl?
Vielleicht stellt ihr zusammen eine Menge Dinge an, die sich keiner allein trauen würde.

Ist Streit mit den Eltern unvermeidbar?
Sehr wahrscheinlich, ja.

// Warum komme ich jetzt oft mit meinen Eltern nicht klar?

So wie du vieles in deiner Umwelt jetzt anders wahrnimmst, wirst du deine Eltern zum ersten Mal richtig mit ihren Stärken und Schwächen sehen. Als Kind fandest du bestimmt alles ganz in Ordnung, was sie sagten und taten. Nun wird dir verständlicherweise nicht mehr alles gefallen. In der Übergangszeit kann es deshalb für euch sehr problematisch sein, miteinander umzugehen.

Die meisten Schwierigkeiten sind jedoch ganz einfach zu verstehen: Die Eltern geben sich Mühe, ihre Kinder so zu erziehen, dass sie später gut und eigenständig durch das Leben kommen. Dafür sind sie verantwortlich, bis ihr Kind wirklich auf eigenen Beinen stehen kann. Bislang waren die Eltern verpflichtet, alles für ihr Kind zu entscheiden, zu organisieren und zu planen. Diese elterlichen Verhaltensmuster haben sie sich, als du geboren wurdest, antrainieren müssen. Nun müssen sie sie langsam wieder abtrainieren. Das geht nicht von heute auf morgen. Es ist für die Eltern eine schwierige Situation: Denn ihr Kind kann sich an manchen Tagen sehr erwachsen verhalten, an anderen wiederum überhaupt nicht. Und oft verschätzt und überschätzt es sich auch. Kinder und Jugendliche brauchen ihre Eltern oft länger und stärker, als sie es zugeben wollen. Es bleibt ein großes Bedürfnis nach Schutz, Geborgenheit und Anlehnung. Die Eltern und die Familie sind wichtig, wenn es darum geht, Krisen zu verkraften: erste Liebesenttäuschungen zu betrauern und zu überwinden, schlechte Schulnoten zu bewältigen oder Streit mit Freunden zu überstehen. Du hast wahrscheinlich oft das Gefühl, deine Eltern würden sich in alles einmischen und dich wie ein kleines Kind behandeln. Ihre Meinungen findest du vielleicht manchmal dumm, und du ärgerst dich darüber. In manchen Dingen können sie aber tatsächlich den besseren Überblick haben, auf alle Fälle haben sie mehr Erfahrung.

Dein Freiraum muss jedoch so groß sein, dass du eigene Erfahrungen sammeln kannst – auch außerhalb dessen, was in der Familie als normal und üblich gilt. Und manchmal eben auch außerhalb dessen, was deine Eltern gut finden und billigen (würden, wenn sie es wüssten ...).

Sind Eltern andererseits zu stark mit sich selbst beschäftigt – etwa mit Beziehungsproblemen oder Geldsorgen –, werden sie manchmal wenig Zeit, Verständnis oder sogar wenig Interesse für die Probleme ihrer Kinder aufbringen können. Das kann sehr kränkend sein, das Selbstbewusstsein anknacksen oder Wut und Aggression hervorrufen.

Es kann sein, dass du der vielen Reibereien mit ihnen irgendwann überdrüssig bist und so schnell wie möglich aus dem Haus möchtest. Wahrscheinlich wird das jedoch nicht so schnell gehen. Du musst ohnehin auf deinem Weg ins Erwachsenenleben lernen, mit völlig unterschiedlichen Menschen auszukommen – auch mit solchen, die du nicht besonders gut leiden kannst. Wenn du mit deinen Eltern überhaupt nicht klarkommst, solltest du versuchen, mit anderen Erwachsenen zu sprechen – etwa mit anderen Verwandten, einem Lehrer, einer Lehrerin, einer Nachbarin oder den Eltern eines Freundes oder einer Freundin. Es können auch Angehörige einer Beratungsstelle sein. Du erhältst von ihnen kostenlos Rat und Hilfe. Außerdem haben sie sich zum Stillschweigen verpflichtet. Du kannst aber auch mit einem Schüleraustauschjahr etwas Abstand von deiner Familie bekommen, und eines ist dabei sicher: Du kehrst mit einem ganz anderen Gefühl für sie wieder zurück (siehe Kapitel Seite 143).

Klar ist, dass du mit einem endgültigen Auszug von zu Hause deine Probleme wahrscheinlich nicht gelöst bekommst. Denn solange du einen festen Rahmen und feste Spielregeln hast, mögen sie dir noch so lästig sein, wirst du Schule oder Lehre besser bewältigen können. Wenn du auf eigenen Füßen stehst, musst du für dich selbst sorgen, für deinen Tagesablauf, deine Kleidung, deine Hygiene, dein Essen, dein Geld, deine Ferien. Du solltest dir genau überlegen, ob du für so eine gewaltige Umstellung wirklich schon bereit bist. Wenn du nicht mehr so viele Herausforderungen auf einmal zu meistern hast, wird dir der Schritt in die Unabhängigkeit sicher leichter fallen.

// Warum wollen meine Eltern sich trennen?

Eine glückliche, harmonische Familie, die gemeinsam durch dick und dünn geht, wünschen sich die meisten Menschen – Erwachsene ebenso wie Kinder. Leider kommt es häufiger vor, dass es im häuslichen Zusammenleben der Eltern zeitweilig oder dauerhaft ernste Probleme gibt. Getrennt lebende Eltern sind heute nichts Ungewöhnliches mehr.

Familien, die sich neu zusammenfinden, sind keine Seltenheit. Sogenannte Patchwork-Familien bringen für die Kinder natürlich Herausforderungen mit sich, an die sie sich in vielerlei Hinsicht erst einmal gewöhnen müssen.

Dass ein Paar irgendwann feststellt, dass es nicht mehr zusammenpasst, kann immer und jederzeit passieren. Nie ist daran nur einer schuld und schon gar nicht die Kinder. Manchmal haben sich die Lebensumstände verändert, manchmal haben sich beide Partner auseinanderentwickelt und sie haben unterschiedliche Vorstellungen von ihrer Zukunft.

Menschen sind unterschiedlich und müssen immer wieder versuchen, sich anderen verständlich zu machen. Das ist normalerweise spannend, kann bei manchen Menschen eben aber auch schieflaufen. Wenngleich eine Trennung etwas ist, was zunächst die Eltern betrifft, so ist sie doch für die Kinder eine der schwersten Erschütterungen in ihrem bisherigen Leben. Das liegt unter anderem daran, dass der Trennung eine Zeit vorausgeht, in der sich Spannungen und Streit durch den Alltag ziehen und die allen Beteiligten schwer an den Nerven zehrt.

Je kleiner ein Kind ist, umso eher hat es das Gefühl, es wäre in irgendeiner Weise mitschuldig an der Trennung seiner Eltern. Das stimmt natürlich nicht, kein Kind kann etwas für den Streit zu Hause. Wenn sich die Eltern trennen, bedeutet das nicht, dass sie ihre Kinder nicht mehr lieb haben und nichts mehr von ihnen wissen wollen. Das gilt auch für den Elternteil, der die Familie verlässt. Fast alle Kinder reagieren verletzt oder wütend auf ihn, fühlen sich allein gelassen. Man kann aber sicher sein, dass es dem Weggehenden genauso schwerfällt. Ganz wichtig ist es, sich vor Augen zu halten, dass man seine Eltern ja nicht wirklich durch eine Trennung verliert. Es handelt sich im Endeffekt doch meist nur um eine zeitliche und räumliche Trennung von Vater oder Mutter.

Wenn Eltern auseinandergehen, gilt es oft vor allem für Jugendliche zu entscheiden, bei wem sie künftig wohnen wollen. Oft haben sie Angst davor, den Elternteil zu verletzen, bei dem sie nicht wohnen wollen, und befinden sich in größten emotionalen Schwierigkeiten. Oder sie haben Angst, bei dem Elternteil leben zu müssen, den sie weniger gerne mögen oder bei dem es unbequemer ist für sie. Das ist alles völlig normal. Es gibt eine Menge wichtiger Gründe für die Entscheidung für die eine oder andere Seite. Bei den Fragen, wer von den Eltern das Sorgerecht bekommt und wo das Kind leben möchte, haben Jugendliche ab 14 Jahren ein Mitspracherecht. Die Familienrichter berücksichtigen das bei ihrer Entscheidung. Sehr oft wird den Eltern heute gemeinsam das Sorgerecht eingeräumt. Im Gegensatz zu früher können Jugendliche ab 14 Jahren nicht mehr gezwungen werden, den allein lebenden Elternteil zu besuchen. Im Streitfall wird die Frage um das Sorgerecht vom Gericht entschieden.

Meist ist mit der Trennung der Eltern auch ein Orts- oder Schulwechsel verbunden. Kinder haben auf alle Fälle ein

Mitspracherecht, denn schließlich geht es ja auch um ihre Zukunft. Wenn die Eltern davon nichts hören wollen, ist es sinnvoll, außenstehende Erwachsene um Rat zu fragen. Ansprechpartner findet man beispielsweise beim Jugendamt, das wird sowieso informiert, wenn über Kinder gestritten wird. Möglich ist auch, dass der Richter dich selbst dazu befragen will.

Es tut gut, sich mit Freunden und Freundinnen auszusprechen. Wahrscheinlich sind unter ihnen einige, deren Eltern sich ebenfalls getrennt haben und die diese Situation ganz gut überstanden haben.

Das schlimmste Ereignis ist jedoch wohl, wenn ein Elternteil stirbt. Gleichgültig, ob dem Tod eine lange Krankheit vorausging oder ob er plötzlich über einen hereinbricht, es ist nur schwer zu fassen. Die Endgültigkeit des Todes – die Tatsache, dass Vater oder Mutter nie wieder da sein werden – zu verkraften, ist überaus schwer. Die restlichen Familienmitglieder rücken dann meist besonders stark zusammen. Das ist gut, weil die körperliche Nähe und Wärme von anderen Menschen besonders tröstlich sind. Sie sprechen dann von dem toten Menschen, der ja im Geiste immer noch da ist. Zusammen zu weinen und zu trauern, ist meist eine große Erleichterung. Besonders schwer ist es, wenn der übrig gebliebene Elternteil so in seinem Schmerz versinkt, dass das Kind völlig auf sich allein gestellt ist und mit allem allein fertig werden muss.

Eine Halbwaise muss nach dem Tod von Vater oder Mutter in aller Regel zu Hause mehr Verantwortung und Pflichten übernehmen. Entweder gibt es kleinere Geschwister, die versorgt werden müssen, oder der hinterbliebene Elternteil braucht besonders viel Unterstützung und Beistand. Aktivität und Hilfe für andere kann ebenfalls über den Schmerz hinweghelfen.

// Warum mögen meine Eltern meine Freunde nicht?

Die meisten Heranwachsenden haben schnell keine Lust mehr, so viel wie früher mit der Familie zu machen. Sie genügt ihnen einfach nicht mehr. Sie möchten allein sein oder mit Freunden etwas unternehmen, von denen sie sich besser verstanden fühlen. Sie wollen neue Dinge und neue Menschen kennenlernen oder aber einfach unter sich sein. Sie wollen Meinungen austauschen über Musik, Filme, Spiele, Vorstellungen, Interessen und Ideale.

Die Freunde oder der Freundeskreis sind allerdings nicht selten Anlass für einen heftigen Streit zwischen Eltern und Kindern. Den Eltern sind die Freunde oft nicht gut genug, oder sie mögen sie einfach nicht. Eltern müssen deine Freunde auch nicht alle toll finden. Du solltest verstehen, dass sich deine Eltern einfach nur um dich sorgen, meist meinen sie es nicht böse, wenn sie dir etwas verbieten. Dennoch haben sie kein Recht, respektlos über deine Freunde zu reden. Darauf kannst du sie auf jeden Fall aufmerksam machen, denn das ist natürlich für dich genauso verletzend, immerhin hast du dir deine Freunde ja ausgesucht. Wenn du dich an Abmachungen hältst, also z. B. zur angesagten Zeit nach Hause kommst oder eben nur die ausgemachte Zeit am PC verbringst, gewinnst du das Vertrauen deiner Eltern und sie werden dir automatisch mehr Freiheiten in deiner Freizeit und der Auswahl deiner Freunde lassen. Vielleicht kannst du sie dazu bewegen, sich deine Freunde mal anzuschauen. Sicher haben sie ein Interesse daran, deine Freunde kennenzulernen. Wenn diese dich zu Hause besuchen, können sich deine Eltern selbst davon überzeugen, dass alles in Ordnung ist.

// Wieso glauben Erwachsene immer, dass sie im Recht sind?

Junge Menschen haben den Drang, sich gegen die von den Eltern auferlegten Zwänge aufzulehnen. Sie rebellieren gegen alles, gegen berechtigte und unberechtigte Vorgaben. Vorschriften im Elternhaus kommen ihnen ebenso blöd vor wie die in der Schule. Auch gewisse gesellschaftliche Spielregeln empfinden sie als Zumutung. Jeder Mensch erlebt in seiner Entwicklung eine solche Phase der Auflehnung gegen die Welt und die Werte der Erwachsenen. Sie dient dazu, sich eine eigene Meinung zu bilden. Nach einer Weile sieht man alles nicht mehr so extrem und ist auch bereit, Zugeständnisse zu machen.

Manche Eltern reagieren etwas angestrengt aus der Sorge heraus, ihr Kind könnte etwas Falsches tun und sich selbst gefährden. Einige wollen tatsächlich nur auf ihrem Recht beharren. Andere sind wirklich etwas rückständig, gerade in Geschmackssachen. Doch die meisten Eltern sind heute eigentlich ganz aufgeschlossen.

Viele Jugendliche haben trotzdem das Gefühl, dass sich ihre Eltern in alles einmischen, sie immer herumkommandieren und ständig wohlmeinende, aber unerwünschte Ratschläge von sich geben. Selbst fortschrittliche Eltern werden ihr Recht auf Einspruch nicht so schnell aufgeben. Das ist zunächst einmal ja reine Gewöhnungssache. Verbote und Auseinandersetzungen kommen in jeder Familie vor. Die Streitpunkte sind in fast allen Familien und zu allen Zeiten die gleichen: Schule, Hausaufgaben, abendliche Ausgangszeiten, Mithilfe im Haushalt, Taschengeld, Freunde, Bekannte, Kleidung, Frisur, Haarfarbe, Körperschmuck, Drogen, Musik, Geschmack, erste Liebe, Sex.

Willst du die Unterstützung deiner Eltern gewinnen, solltest du sie fragen, wie es denn bei ihnen früher war: Was durften sie? Was nicht? Wie lange durften sie abends weg?

Hatten sie nie Schulprobleme? Wie alt waren sie, als sie sich zum ersten Mal verliebt haben? Wie alt waren sie, als sie zum ersten Mal mit jemandem geschlafen haben? Wenn sie dir diese Fragen ehrlich beantworten, werden sie nämlich zugeben müssen, dass vieles bei ihnen ähnlich war, aber auch, dass du in einer Zeit groß wirst, in der sich manches geändert hat.

Versuche ihre Ansichten vor dem Hintergrund ihrer Lebensgeschichte zu verstehen. Du wirst sehen, dass du dann viel besser und diplomatischer mit ihnen diskutieren kannst. Umso eher wird es dir gelingen, allzu starre Vorschriften langsam aufzuweichen. Wenn sie deine Freunde kennenlernen und wissen, was die dürfen, könnte dir das nützlich sein. Wenn du mit zunehmender Selbstständigkeit in der Familie Pflichten übernimmst und deinen Eltern zeigst, wie verantwortungsvoll und zuverlässig du bist, werden sie sich mit deinen Ausflügen in die große, weite Welt besser anfreunden können. Am Ende werden sie stolz auf dich sein.

Mit deinen Geschwistern wirst du jetzt wahrscheinlich gelegentlich etwas Stress haben. Vermutlich bist du jetzt mit deiner Launenhaftigkeit oder deinem Musikgeschmack zeitweise eine echte Zumutung für sie. Wenn du das Gefühl hast, deiner Schwester oder deinem Bruder mal zu Unrecht auf die Füße getreten zu sein, solltest du dich entschuldigen. Dadurch vergibst du dir nichts und schaffst die Möglichkeit, wieder nett miteinander zu sein. Denn deine Geschwister sind schließlich die Menschen, die dir eigentlich am nächsten stehen.

// Mit meinen Freunden zusammen fühle ich mich stark – warum traue ich mir allein kaum etwas zu?

In deiner Clique oder Gruppe habt ihr wahrscheinlich gleiche Interessen, ähnliche Ansichten, Fragen und Antworten. Das macht euch gemeinsam stark. In dem Gefühlswirrwarr, in dem du dich jetzt befindest – hier deine Eltern, da die Schule, deine alten Hobbys, die Mädchen, deine Sexualität – und in dem du jetzt eine Orientierung suchst, sind deine Freunde deine neue Ersatzfamilie. Du verbringst wahrscheinlich viel Zeit mit ihnen. Aber bis dahin ist diese Gemeinschaft sehr wichtig. Sie bietet einen schützenden Freundschaftsmantel, in dem du dich aufgehoben fühlen kannst. In vielen Cliquen werden aber auch oft eine Menge Schaukämpfe betrieben. Oft stacheln sich Jungs gegenseitig zu großartigen Sprüchen und Prahlereien an. In der eigenen Clique oder in der Abgrenzung zu einer anderen wird natürlich auch das Revier unter Männern abgesteckt. Das ist alles ganz normal, aber versuch dabei, du selbst zu bleiben. Es ist immer einfacher, dem Herdentrieb zu folgen und z. B. auch zu rauchen, wenn alle rauchen, aber es ist außerordentlich mutig, »Nein« zu sagen. Auch wenn du vielleicht durch dein »Nein« erst mal anders bist, als die anderen, wird man dich insgeheim dafür bewundern. Erwarte aber nicht, dass irgendjemand über seinen Schatten springt und das laut sagt. Jungen, die ihren eigenen Weg gehen, sind seit jeher attraktiver für ihre Kumpels als langweilige Mitläufer, denn sie strahlen Selbstbewusstsein aus. Vertrau darauf, dass deine Freunde dich auch mögen, wenn du nicht alles mitmachst. Wenn sie das nicht tun, sind es leider auch keine Freunde.

Oft entstehen in der Jugendzeit auch Freundschaften zwischen nur zwei Jungen, nicht selten fürs ganze Leben. Freundschaften können große Geborgenheit bieten und durch manche Untiefen des Erwachsenwerdens hindurchhelfen. Freundschaft bedeutet echte Zuwendung und Unterstützung in allen Lebenslagen. Beim besten Freund sollte man sich geben können, wie man ist, sich nicht verstellen müssen. Es tut gut, Ärger loswerden zu können, ohne gleich um die Freundschaft fürchten zu müssen. Zwei, die sich streiten und wieder vertragen können, fühlen sich einander sehr nahe. Gute Freunde können einander Selbstvertrauen und in schwierigen Zeiten Halt geben. Schmerzliche Verluste bei Trennungen, schwierige Entscheidungen, Probleme mit den Eltern oder der Freundin werden gemeinsam bewältigt. Echte Freundschaft ist etwas sehr Kostbares.

Es kann natürlich sein, dass du etwas schüchterner bist und dich schwertust, einen Freund oder einen Freundeskreis zu finden. Viele Menschen trauen sich nicht, auf andere zuzugehen und ihnen Interesse am Zusammensein zu signalisieren. Man sollte meinen, das sei etwas, was in unserem modernen Kommunikationszeitalter Schnee von gestern ist. Das Gegenteil ist aber interessanterweise der Fall. Trotz der vordergründigen Lockerheit und der vielen Kommunikationsmöglichkeiten vereinsamen viele Menschen. Darunter sind viele Jugendliche. Etliche von ihnen suchen sich eine Ersatzwelt im Internet, um sich auszutauschen und sich nicht allein zu fühlen. Das kann spannend sein, ersetzt aber keinen Menschen aus Fleisch und Blut. Mit wem du auch immer chattest oder spielst, von außen betrachtet sitzt du allein vor einem Bildschirm.

Viele junge Menschen quälen sich mit dem Gedanken, sie seien bei anderen nicht gern gesehen. Das stimmt aber fast nie. Oft sind andere Menschen bloß gedankenlos und kommen gar nicht auf die Idee, ihre Freundschaft anzubieten oder sich mal um jemand anderen zu kümmern. Dabei sind Jugendliche allerdings oft von einer besonderen Gedankenlosigkeit. Daraus kann man jedoch mehr über ihren eigenen Geisteszustand ablesen als über deine »Freundschaftskompatibilität«. Versuche, dies nicht persönlich zu nehmen. Schau dich um, wo du eine verwandte Seele findest, mit der du deine Zeit verbringen möchtest. Wenn du nicht weißt, wo, versuche am besten, dich auf Veranstaltungen umzuschauen, in Sportvereinen oder Gruppen, die sich mit irgendetwas befassen, was dir besonderen Spaß macht. Scheue dich nicht, auf andere zuzugehen. Ganz oft sind nämlich die anderen nur schüchtern, selbst wenn man es ihnen nicht anmerkt. Gerade Menschen, die unnahbar oder arrogant wirken, sind oft einfach nur unsicher und verschanzen sich hinter einer schützenden Coolness.

// Was muss ich bei sozialen Netzwerken beachten?

Wahrscheinlich ist, wie bei den meisten Teenagern, das Internet bereits ein wichtiger und emotionaler Bestandteil deines Lebens geworden. Du bewegst dich in Online-Foren, Blogs, sozialen Netzwerken wie Facebook, Instagram oder Twitter genauso selbstverständlich wie in der realen Welt. Das Internet macht dir das Treffen unendlich vieler Personen rund um den Globus möglich. Das ist super! Es bringt aber auch eine Reihe von Risiken mit sich, denen du aus dem Weg gehen kannst, indem du dich ausreichend informierst.

Viele, vor allem junge Leute, gehen zu offen mit privaten Informationen und Problemen um. Das macht sie zu einem idealen Angriffsziel.

Jeder Mensch kann sich online eine anonyme Identität zulegen und so völlig unerkannt im virtuellen Raum agieren. Das macht ein sogenanntes Cybermobbing, im englischen Sprachraum Cyberbullying genannt, viel wahrscheinlicher und einfacher, als wenn dir jemand von Angesicht zu Angesicht gegenüberstehen würde. Potenzielle Opfer sind im Internet viel schneller zu finden, als im Alltag. Cybermobbing kann viele Formen haben: in Chats pöbeln oder Geheimnisse ausplaudern, Gerüchte und Lügen über jemanden in die Welt setzen, peinliche Fotos oder Videos in Umlauf bringen, Beleidigungen aussprechen, in sozialen Netzwerken Hassgruppen gründen, gehässige E-Mails verschicken, sich eine falsche Identität zulegen und jemanden zu etwas bringen oder die Identität eines anderen annehmen und andere so täuschen oder verletzen.

Neben dem Internet sind hier auch zunehmend Handys im Einsatz. Die gerade angesagten Sextings werden, vor allem, wenn sie entsprechende Fotos enthalten, weiterverschickt und gelangen dann in kürzester Zeit in die Öffentlichkeit. Ein Albtraum!

Davor schützen kannst du dich am besten, indem du generell keine Nackt- oder anderen Fotos mit empfindlichen Inhalten von dir verschickst und ganz allgemein im Netz nicht zu viel über dich verrätst. Bedenke immer, auch wenn du allein vorm Computer sitzt, das Internet ist ein öffentlicher Raum. Alles, was du postest, können auf Umwegen auch deine Lehrer und künftige Arbeitgeber erfahren. Versuche, nur das zu posten, auf das du wirklich stolz bist und hinter dem du stehen kannst, auch vor Leuten, die du gar nicht direkt angesprochen hast.

Wenn du mitbekommst, dass peinliche Fotos oder Videos von dir im Netz kursieren, kannst du versuchen herauszubekommen, wer sie eingestellt hat. Wenn es jemand aus deiner Schule ist, solltest du den Fall mit einem Lehrer deines Vertrauens besprechen. Du kannst auch den Anbieter der Plattform informieren und verlangen, dass das Foto oder Video gelöscht wird. Es gibt Gesetze, die verbieten, dass du beleidigt wirst oder dass Bilder von dir kursieren, die du nicht selbst hochgeladen hast.

Um eine Löschung von Bildern und Videos durchzusetzen, wirst du vermutlich Hilfe und Unterstützung deiner Eltern oder eines anderen Erwachsenen benötigen. Auch wenn es dir extrem peinlich ist: Trau dich, diese Hilfe in Anspruch zu nehmen! Sollten sich deine Eltern selbst zu wenig auskennen, wissen sie auf jeden Fall, wie man jemanden findet, der dir dabei helfen kann.

Hilfreich ist es, wenn du dir von per E-Mail oder in sozialen Netzwerken zugeschickten Fotos, Videos oder Mails, die entweder dich selbst oder Bekannte von dir beleidigen, Sicherungskopien machst. Auch wenn dein erster Impuls ist, sie sofort zu löschen. Notiere dir, wann und wo sie aufgetaucht sind. Diese Angaben brauchst du möglicherweise später als Beweis. Denn selbstverständlich kannst du auch zur Polizei gehen, wenn die Angelegenheit nicht, z. B. innerhalb der Schule, geklärt werden kann. Mobbing kann durchaus als Straftat angesehen werden, vor allem wenn es über eine längere Zeit passiert.

Solltest du selbst stillschweigend bei einer Mobbing-Aktion zugeschaut haben oder bist selbst aktiver Teil davon gewesen, weil es einen Konflikt gab, den du nicht lösen konntest, oder weil einfach ein Scherz total aus dem Ruder gelaufen ist, dann rede mit dem Opfer oder einem Erwachsenen deines Vertrauens darüber. Es gehört sehr viel Mut dazu, sich bei demjenigen zu entschuldigen, aber es wird dich auf jeden Fall erleichtern. Sprich auch mit den Leuten, die mit dir zusammen gemobbt haben, darüber und mach ihnen klar, dass es ein feiges und fieses Verhalten war. Das wird dir auf lange Sicht mehr Respekt deiner Freunde einbringen, als sich bei Mobbings zu beteiligen. Mach dir klar, dass Mobbing extremer Psychoterror ist und dass die betroffenen Personen so sehr darunter leiden, dass sie ernsthaft krank werden können. Es ist sogar vorgekommen, dass sich Teenager wegen eines dauerhaften Mobbings umgebracht haben.

// Warum sind mir meine Eltern auf einmal peinlich?

Die meisten Teenager finden ihre Eltern während der Pubertät peinlich. Vielleicht ist es dir auch schon passiert, dass du dich vor deinen Freunden geschämt hast, wenn deine Eltern dich in der Öffentlichkeit geküsst, von Schule oder Sport abgeholt haben. Viele schämen sich auch, wenn die Eltern sich nicht modisch genug kleiden, wenn sie sich mit den Freunden unterhalten, womöglich noch dabei versuchen, deren Sprache zu imitieren oder – absolutes No-Go – Essen ins Zimmer bringen, wenn Freunde zu Besuch sind.

Weil Familien von Außenstehenden oft als Ganzes wahrgenommen werden, fürchtet man, dass das Verhalten der Eltern negativ auf einen selbst abfärben könnte, wenn es einmal nicht der Norm, d. h. dem, was man als normal empfindet, entspricht. Dass dies aber ein ganz individuelles Empfinden ist, siehst du daran, dass deine Freunde deine Eltern nett finden können, dich sogar um sie beneiden, während du für sie im Erdboden versinken könntest. Auch das Mädchen, in das du verliebt bist, wird sich nicht allzu sehr darum scheren, wie deine Mutter aussieht. Es geht ihr ja um dich und weniger um deine Familie.

Unabhängig vom Alter ist das Gefühl des Fremdschämens vergleichbar mit der Scham, die jeder empfindet, wenn er von anderen bloßgestellt wird. Je näher man einem Menschen steht, umso mehr schämt man sich für dessen Handlungen, wenn diese nicht den eigenen Normvorstellungen entsprechen.

Es erfordert auf jeden Fall Mut, an den Eltern Kritik zu äußern. In der Regel hält das die Beziehung zwischen Kindern und Eltern aber aus. Sollte dir also etwas peinlich sein, kannst du es deinen Eltern ruhig sagen. Erinnere sie vielleicht an ihre eigene Pubertät und versuche, dabei nicht ihre Gefühle zu verletzen. Es ist nicht ganz einfach für sie, plötzlich Kritik von dir einstecken zu müssen. Genau wie du sind sie eigenständige Menschen mit eigenem Willen und sollen sich nicht verbiegen müssen. Und genau wie du wollen auch sie mit Respekt behandelt werden. Irgendwann kommt der Tag, an dem sie dir nicht mehr peinlich sind, und bis dahin ist es am besten, die Sache mit Humor zu nehmen.

Wieso bin ich auf einmal viel schlechter in der Schule?
Wahrscheinlich wirst du im Moment durch andere Dinge abgelenkt.

Warum bin ich jetzt immer so müde?
Die körperlich-seelische Entwicklung kostet sehr viel Kraft, außerdem hast du wahrscheinlich ein großes Tagesprogramm.

Welchen Beruf kann ich ergreifen?
Entscheidend sind deine Fähigkeiten und deine Wünsche für die Zukunft. Lass dich auf alle Fälle beraten.

Müssen meine Eltern mir Taschengeld geben?
Nein, das ist eine völlig freiwillige Angelegenheit.

Wo kann ich mich für die Umwelt einsetzen?
Zunächst einmal in deinem privaten Umfeld. Die meisten Umweltorganisationen haben eigene Jugendgruppen.

Wie kann ich mich gegen Gewalt in der Schule zur Wehr setzen?
Niemals mit gesteigerter eigener Gewalt. Überall darüber reden wäre schon ein wichtiger Schritt.

// Wie kommt es, dass ich plötzlich keine Lust mehr auf Schule habe?

Viele Jugendliche kommen in der Schule gut über die Runden, andere bemerken in der Pubertät einen jähen Abfall ihrer Leistungen und vor allem ihrer Schullust. Während der Entwicklungsphase können sich unweigerlich neue Hindernisse in den Schulweg stellen – zumal die Schule von heute sowieso kein Ort ist, an dem es besonders ruhig zugeht.

Du bist jetzt vielleicht oft mehr mit dir selbst, mit deinem Sexualtrieb, deinen intimen Fantasien, deinen Freunden, deinem Aussehen, euren Partys oder deinem neuen Schwarm beschäftigt. Vielleicht hast du auch keine Lust mehr zu irgendwas, fühlst dich erschöpft, müde und desinteressiert. Oder du träumst einfach viel vor dich hin. Das kann dir auch passieren, wenn du vorher ein guter Schüler warst und es dir weder an Interesse noch an Einsatzwillen mangelte. Warum das so ist, kann man sich nicht recht erklären. Neuere Forschungen sind zu dem Ergebnis gekommen, dass sich im Gehirn in der Zeit der Pubertät noch wesentliche Vernetzungen vollziehen. Deswegen hat das Gehirn gewissermaßen einige Zeit »wegen Wartungsarbeiten geschlossen«.

Fast allen ergeht es in dieser Zeit ähnlich. Jugendliche finden Schule manchmal von einem Tag zum anderen langweilig, überflüssig, Lehrer schlicht blöd und nicht kompetent. Es ist zugegebenermaßen nicht ganz leicht einzusehen, für eine unbestimmte Zukunft zu arbeiten, wenn man gerade so viele andere spannende Dinge erlebt. Die Folge davon kann sein, dass die Noten plötzlich in den Keller rutschen, die Versetzung gefährdet ist und du plötzlich den Wunsch hast, die Schule an den Nagel zu hängen und mit dem »richtigen« Leben anzufangen.

Am unerträglichsten werden dir vielleicht in dieser Situation die Sprüche der Erwachsenen sein, mit denen sie dich zum Durchhalten ermuntern wollen. Wenn du ehrlich bist, wirst du ihnen aber recht geben müssen: Du lernst wirklich nicht für deine Eltern oder die Lehrer, sondern für dich selbst und dein späteres Leben. Auch wenn du dir heute noch nicht vorstellen kannst, was du mit dem Lernstoff anfangen sollst und wie dein Leben überhaupt aussehen wird.

Das entscheidendste Argument ist, dass eine gute Schulbildung in der Jugend einem Menschen ein großes Maß an Eigenständigkeit und Freiheit gewährt. Man hat die besseren Entscheidungsmöglichkeiten über Ausbildung und Beruf, kann besser Geld verdienen und muss sich über eine Reihe von Dingen keine Sorgen machen. Es ist längst kein Geheimnis mehr, dass eine gute Ausbildung selbstbewusst und stark macht. Selbst in wirtschaftlich schlechten Zeiten steht man besser da, wenn man etwas kann und etwas weiß.

Bei fast allen hat der Anfall von Lustlosigkeit bald wieder ein Ende, wenn sie sich ein wenig an ihre neue Situation gewöhnt haben. Das bedarf allerdings eines gewissen Organisationstalents. Denn in den Tag eines heranwachsenden Menschen muss ja ganz schön viel hineinpassen: Die Anforderungen in der Schule müssen bewältigt werden, die Hausaufgaben gemacht, die Sportstunde wahrgenommen, der Umweltverein bedacht, die AGs besucht werden. Obendrein möchtest du dich verständlicherweise auch noch amüsieren, ins Kino, zum Tanzen in den Club oder auf Partys gehen, danach gepflegt chillen, deine Freunde treffen und natürlich auch hin und wieder etwas mit der Familie machen. Dazu gehört eine Portion Energie und Willenskraft, die ganz allein aus dir kommen muss.

Von deinem vernünftigen Verhalten jetzt hängt viel für dich ab. Das wird dir sicherlich oft genug gesagt. Leider ist es deswegen nicht weniger wahr: Die Weichen, die für deine Zukunft maßgebend sind, stellst du jetzt selbst!

// Warum macht mich die Schule immer so müde?

Wahrscheinlich bist du zurzeit nicht besonders motiviert, dich in der Schule richtig zu konzentrieren. Das allein macht bereits müde. Hinzu kommt, dass der Organismus in der Wachstumsphase manchmal einfach so schon ziemlich angestrengt ist und sich – wie gesagt – das Gehirn gerade umbaut. Und natürlich hast du wahrscheinlich oft eine ziemlich anstrengende Freizeit mit vielen Aktivitäten und vielleicht manchem nahtlos durchtanzten Wochenende.

Gerade jetzt wird in der Schule viel verlangt. Du wirst oft für viele Fächer und viele Klassenarbeiten gleichzeitig lernen müssen. Oder du stehst gerade am Anfang deiner Berufsausbildung, wo noch vieles Neue auf dich einstürmt, musst früh aufstehen und den ganzen Tag durchhalten.

Mit ein paar Tipps kommst du in der Schule, mit den Hausaufgaben oder mit deiner Berufsausbildung gut über die Runden: Versuche dir als Erstes klarzumachen, dass du lernst, weil es dich auf deinem Weg zu einem – hoffentlich tollen – Beruf weiterbringt. Auch wenn du bei einzelnen Lernstoffen noch nicht weißt, wozu du sie später mal brauchen könntest. Vor allem trainierst du jetzt, eigenständig zu arbeiten und deinen Verstand zu gebrauchen. Du entwickelst Selbstdisziplin, Willenskraft, Zielstrebigkeit, Arbeitstechniken und die Fähigkeit, Probleme logisch zu lösen.

Entspannung ist der sinnvollste Weg, sich zu konzentrieren. Entspannungsübungen sind nicht nur dazu da, den Körper zu entkrampfen, sondern um den Kopf freizumachen. Recke und strecke dich ab und zu mal. Lass den Kopf sanft im Nacken kreisen und atme dabei kräftig durch. Wer sich zu angespannt fühlt, kann es mit autogenem Training versuchen und sich einfach ein paar Übungen auf YouTube anschauen. Mit diesen Übungen lässt sich das vegetative Nervensystem beeinflussen und bewusst auf Entspannung umschalten.

Hungerkünstler sind weniger leistungsfähig als alle, die sich mäßig, aber regelmäßig ernähren. Gerade Jungen müssen gut essen, wenn sie in der Entwicklung sind. Ohne ein richtiges Frühstück sinkt beispielsweise die Leistungsfähigkeit schon um zehn Uhr immer weiter ab. Das ist normalerweise eine Zeit, in der man auf Hochtouren läuft. Ein Frühstück mit Tee, Kaffee, Milch, Obst, Vollkornbrot oder Müsli ist am besten. In den großen Schulpausen solltest du eine Kleinigkeit essen, aber auf jeden Fall etwas trinken. Zum Mittagessen solltest du eher Leichtes essen: Suppe, Gemüse, Salat, Früchte, Joghurt, Quarkspeisen, sonst verbraucht dein Magen alle Energie zum Verdauen und dein Kopf wird immer müder. Nachmittags bei den Schularbeiten kannst du dir einen Kakao oder einen Fruchtsaft gönnen. Abends nach getaner Arbeit in aller Ruhe ist ein gutes Essen eine erlaubte Belohnung. Spitzenwerte erreicht die Leistungsfähigkeit morgens zwischen 9 und 10 Uhr und nachmittags gegen 17 Uhr. Tagsüber bist du aufnahmefähiger als nachts. Bei besonders großem Stress vor Klassenarbeiten solltest du deshalb nicht bis spät in die Nacht lernen, sondern ruhig morgens mal eine Stunde früher aufstehen.

Außerdem ist das richtige Arbeitspensum wichtig. Man sollte lieber mit weniger Zeit und Lernstoff planen, aber rechtzeitig genug anfangen und dann langsam steigern. Ein Stundenplan, der Arbeits- und Freizeit festlegt, crlcichtert dir das tägliche Lernpensum. Realistisch muss der aufgestellte Zeitplan allerdings sein, sonst bekommst du nur ein schlechtes Gewissen. Was du in langer Zeit versäumt hast, kannst du sicher nicht innerhalb weniger Tage einpauken. Belohnungen − z. B. ein Kinobesuch, einen ganzen Nachmittag mit deinen Freunden verbringen oder ein Filmabend − für durchgehaltene Lernzeiten und vorher festgesetzte Lernerfolge sind ebenfalls eine große Hilfe. Denn das ist auch eine wichtige Regel: Wer ordentlich arbeitet, der darf sich ruhig ordentlich amüsieren.

Dein Arbeitsplatz sollte entsprechend vorbereitet sein: Ein fester Platz, an dem du ruhig und ungestört arbeiten kannst, ist ein Muss. Eine gewisse Ordnung erhöht die Konzentration. Alle Dinge, die ablenken können – wie Handy, PC-Spiele, Essen –, so weit wie möglich verbannen.

Wer während des Unterrichts mitgeschrieben hat, hat alles schon einmal »durch den Arm fließen« lassen und kann praktisch zu Hause in seinem eigenen Lehrbuch nachlesen. Weiter gefestigt wird der Stoff, wenn er noch einmal ins Schulheft übertragen wird. Viele Schüler halten sich unnötig lange mit dem Lesen eines Stoffes auf. Das Tempo lässt sich erheblich beschleunigen, wenn du nicht jedes einzelne Wort liest. Durch wiederholtes Üben kann man nach und nach ganze Wortgruppen mit dem Auge erfassen. Das Lesetempo muss natürlich der Schwierigkeit des Textes angepasst sein. Zusätzliche Lernhilfe beim Lesen: sich die wichtigen Passagen farbig anstreichen. Auch das Lernen am Computer kann dich motivieren, es macht oft mehr Spaß, am Computer zu schreiben, Fotos zu bearbeiten oder Grafiken einzufügen. Dabei lauert allerdings stets die Gefahr, dich in den Weiten des Internets zu verlieren, und auf einmal sind drei Stunden herum und du hast zwar viele Informationen gesammelt, aber nichts für deine eigentlichen Hausaufgaben getan.

Viele schwören darauf, mit anderen zusammen zu lernen. Andere können nur alleine lernen. Das ist eine Frage des persönlichen Stils. Am sinnvollsten ist wahrscheinlich eine Kombination aus beidem. Einzelarbeit ist oft effektiver, doch in der Gruppe kann man sich gegenseitig inspirieren. Gruppenarbeit vermindert die Prüfungsangst, weil man über den Stoff zu sprechen lernt, immer noch mal wieder nachfragen und die Prüfungssituationen üben kann. Außerdem weiß man, dass man nicht allein ist. Dass man vor Klassenarbeiten und Prüfungen nervös ist, ist völlig normal. Aber schon das Gefühl, gut vorbereitet zu sein und gelernt zu haben, gibt Sicherheit und stärkt das Erinnerungsvermögen.

// Wieso herrscht so viel Gewalt an den Schulen?

Über die zunehmende Brutalisierung unserer Gesellschaft wird derzeit viel geschrieben und diskutiert. Deswegen bekommt man leicht den Eindruck, dass an vielen Schulen Gewalt unter den Schülern dazugehört. Kriminologen haben herausgefunden, dass die Gewalt in Schulen heutzutage nicht wesentlich zugenommen hat, aber brutaler geworden ist. In Extremfällen besitzen Schüler sogar Waffen. In den meisten Fällen gehören jedoch eher Treten, Boxen und Schlagen zur typischen Gewalt an einer Schule. Gewalt kann sich aber nicht nur körperlich, sondern auch in erpresserischem Raub von z. B. Geld oder Handys oder auch in Mobbing äußern. Dass die Schule dadurch zur Qual wird, liegt auf der Hand. Mancher Schüler wird selbst gewalttätig, ohne es zu wollen. Die anderen – die Opfer – müssen herhalten und schweigen oft aus Angst vor weiterer Verletzung.

Die Ursachen für übermäßige Gewaltbereitschaft unter Schülern sind vielfältig und führen oftmals erst in ihrer Summe zu aggressivem Verhalten. Einschlägige PC-Spiele werden aus einem sonst ausgeglichenen Teenager noch keinen streitsüchtigen Kameraden machen, kommt jedoch hinzu, dass derjenige wenig Zuwendung aus seiner Familie erfährt, sich dem Leistungs- und Anpassungsdruck der Schule nicht gewachsen fühlt, sich aufgrund fehlender Freizeitangebote oft langweilt, kann es durchaus sein, dass ihm Gewalt als eine durchaus akzeptable Möglichkeit erscheint, Anerkennung und Beachtung von anderen zu erheischen. Das geschieht dann nicht nur in der Tat, sondern auch in der Sprache.

Außerdem entdeckt man bei manchen Jungen einen vollkommen überholten Männlichkeitswahn, ein »Rambo-Syndrom«. Sie orientieren sich an völlig wirklichkeitsfremden Filmen und Videos, in denen der einzelne Mensch nichts mehr gilt und auf den einfach brutal draufgeknüppelt werden kann. Je mehr Probleme ein Junge mit seinem Selbstbewusstsein oder seiner Männlichkeit hat, desto eher wird er – lautstark und großkotzig – zur Gewalt neigen. Manchmal fehlen Jungen einfach ein paar lebensechte gute Vorbilder, sei es, weil der Vater fast nie daheim ist, sei es, weil sie in der Grundschule fast ausschließlich von Frauen unterrichtet wurden.

Stärke, Gewalt und Brutalität ist jedoch nicht die nach oben offene Richterskala, an der Männlichkeit gemessen wird. Wer die Grenzen anderer Menschen nicht respektiert, hat oftmals Schwierigkeiten damit, zu begreifen und zu merken, wo er selbst anfängt und aufhört, wo seine eigenen Grenzen liegen. Solche Jungen können nicht zugeben, wenn sie selbst sich bedroht fühlen oder Angst haben. Allerdings bestätigen manche Mädchen dieses kindische Verhalten, indem sie stolz auf den Sieger von Prügeleien blicken und ihm vielleicht den Vorzug vor einem klügeren und warmherzigeren Jungen geben.

Was für manchen Jugendlichen der Einstieg in eine kriminelle Karriere ist, stellt für den anderen vielleicht nur einen entwicklungsgemäßen Protest gegen die Erwachsenenwelt dar. Manchmal ist es auch Ausdruck von Ohnmacht, denn hinter Gewaltbereitschaft können sich Jugendliche verstecken und sich mächtiger und stärker fühlen, weil man als Kind oder Jugendlicher in dieser Gesellschaft ja meist wenig zu melden hat.

// Wie kann man sich gegen Gewalt zur Wehr setzen, ohne selbst zuzuschlagen?

Gewalt darf niemals und auf keinen Fall geduldet werden. Wer gegen Gewalt nichts unternimmt, die Augen verschließt oder sich irgendwie herausmogelt, trägt zur Verbreitung von Gewalt bei.

Anders ist es in einer Situation, in der man selbst akut bedroht wird oder zuschauen muss, wie jemand anders in Not gerät. Solche Vorgänge sollte und darf niemand auf sich beruhen lassen oder gar wegschauen. Es gibt jedoch viele Wege, sich zu wehren: dazwischenhauen, helfen, den Retter spielen, sich eine blutige Nase holen, sich aus dem Staub machen und Hilfe holen, Eltern, Polizei, Schule oder Jugendbehörde informieren. Wer die Kraft und das Know-how hat, kann sich körperlich zur Wehr setzen. Es kann aber genauso sinnvoll sein, sich irgendwie davonzuschleichen und schnell etwas zu unternehmen – etwa die Polizei zu holen. Das kann in mancher Situation die klügere Entscheidung sein. Jungen und Männer müssen sich nicht auf Teufel komm raus wehren. Selbst wenn manche Jungen nach außen hin anders tun, so missbilligen doch die meisten Gewalt. Die Verantwortung für diesen Vorfall trägt immer derjenige, der Gewalt ausübt.

Wir alle sind auf eine solch brutale Gewalt in unserem täglichen Leben nicht vorbereitet. Deshalb fällt es oft auch deinen Eltern und Lehrern schwer, dir eine Antwort zu geben oder Hilfsmaßnahmen zu nennen.

Natürlich kannst du versuchen, deine eigenen Kräfte zu stählen, Selbstverteidigung oder eine Kampfsportart zu lernen. Sicher ist aber, wenn dir das nicht liegt (etwa weil du jemand anderem nicht wirklich wehtun magst), wird es dir im Notfall auch nichts nützen. Auf jeden Fall musst du aber darüber reden! Wenn du in deiner Umgebung nicht weiterkommst, kannst du dich als erste Möglichkeit an den Schulpsychologen wenden. Du kannst im Internet oder bei deinen Lehrern herausfinden, wer für deine Schule zuständig ist. Der Schulpsychologe kann dir in jedem Fall auch weitere Anlaufstellen in deiner Nähe nennen. Wenn Waffen im Spiel waren, kannst (und musst) du zur Polizei gehen. Eine denkbare Möglichkeit wäre auch, gemeinsam mit Gleichgesinnten etwas gegen Gewalt zu organisieren. Ihr könntet einen Workshop oder eine Projektwoche zum Thema Gewalt (oder Drogenmissbrauch und Dealen) anregen und auch durchführen. Denkbar wäre es, sich bei der Schulleitung dafür einzusetzen, dass etwas passiert, mit Spezialisten der Kriminalpolizei zu kooperieren und sie in die Schule einzuladen, bei der Jugendbehörde Hilfe anzufordern, lokale Politiker anzusprechen, mit den Eltern zum Bürgerbeauftragten der Gemeinde zu gehen und ihn darüber zu informieren, dass an dieser Schule geschlagen und gedealt wird und Drogen genommen werden. In einigen Gemeinden und Städten gibt es Kinder- und Jugendlichenbeiräte, die für Spielplätze oder Freizeitaktivitäten für Kinder und Jugendliche mitverantwortlich sind.

Vieles liegt in eurer Hand. Ihr müsst auf alle Fälle darüber reden. Ein Zeichen von erwachsenem Verhalten ist es, ein Problem zu erkennen, Lösungen abzuwägen und zu versuchen, die brauchbarste in die Tat umzusetzen. Klar ist: Wer nichts sagt, bewegt auch nichts.

// Kann ich nicht einfach von der Schule abgehen?

Schulunlust ist – wie gesagt – eine verbreitete »Krankheit« in der Pubertät. Viele Jugendliche spielen mit dem Gedanken, die Schule zu verlassen, sich einen Job zu suchen, so schnell wie möglich unabhängig zu sein und Geld zu verdienen. Schwierigkeiten in der Schule verstärken diesen Wunsch noch.

So verführerisch diese Idee ist, so unrealistisch ist sie für die meisten aber auch. Denn das »wirkliche« Leben ist, viel anstrengender, als es dir jetzt in deinen Träumen erscheint. Es bleibt leider dabei: Das Beste, was du tun kannst, ist, dieses Tief durchzuhalten. Alles, was du jetzt in deine Ausbildung investierst, kommt nämlich niemand anders als dir selbst zugute. Deinen Eltern nicht und deinen Lehrern nicht – nur dir!

Wenn du ernsthafte Schwierigkeiten hast, in einem oder mehreren Fächern nicht richtig mitkommst, musst du dir natürlich überlegen, wie du diese Klippe überwindest. Nachhilfe kann da oft Wunder wirken. Die Flinte ins Korn zu werfen, wäre ein Jammer. Denn du wirst es mit dem Lernen nie wieder so leicht haben wie jetzt. Im Anschluss an eine Lehre später eine Fachschule zu besuchen oder neben einem Job das Abitur nachzuholen, erfordert sehr viel mehr Entschlossenheit, Einsatz und Kraft. Die meisten Leute bereuen einen vorzeitigen Schulabbruch später zutiefst.

Keinen höheren Schulabschluss zu schaffen, ist allerdings auch kein Weltuntergang. Es gibt viele interessante Berufe, in denen du deine Fähigkeiten vielleicht tatsächlich besser zur Entfaltung bringen kannst.

Wenn du langsam zu der Überzeugung kommst, dass die Schule wirklich nichts für dich ist, solltest du mit deinen Eltern – vielleicht mit der Unterstützung deiner Lehrer – klären, welchen Weg du einschlagen könntest. Selbst wenn du keinen sehnlicheren Wunsch hast, als von der Schule abzugehen, heißt das nicht, dass du nicht mehr den Wunsch hast, weiterzulernen, oder dass du dies niemals tun wirst. Manchmal hilft schon ein Wechsel der Schule.

Es ist sehr sinnvoll, sich beim Arbeitsamt ausführlich informieren zu lassen. Es gibt nämlich Hunderte von interessanten Berufen, von denen man oft gar nichts weiß. Lass dich auf alle Fälle von niemandem in eine Richtung drängen, die du nicht akzeptieren kannst. Und lass dich nicht davon abhalten, einen Beruf zu ergreifen, von dem du träumst. Denn dann hast du etwas, was dich erfüllt und weiterbringt – selbst wenn du den Beruf nicht ausüben kannst.

Das gilt auch für die Wahl eines Studiums: Studiere nur etwas, was du wirklich willst und wofür du dich richtig engagieren kannst. Denn nur dann wirst du gerne und erfolgreich arbeiten. Und noch etwas: Achte dabei nicht auf den aktuellen Arbeitsmarkt. Bisher haben sich fast alle Zukunftsprognosen, wie viele Akademiker aus welchen Fächern gebraucht werden, als falsch erwiesen. Wenn du etwas kannst, was dir liegt und worin du aufgehen kannst, wirst du eher eine Möglichkeit finden zu arbeiten. Entscheidend sind deine Fähigkeiten und deine Wünsche an deine Zukunft!

// Wie bekomme ich mehr Taschengeld?

Wie Jugendliche mit ihrem Taschengeld umgehen, ist in vielen Familien immer wieder Anlass für einen handfesten Krach. Besonders dann, wenn die Kinder verschwenderisch sind oder die Eltern vorschreiben wollen, wie ihr Kind damit umzugehen hat und was es sich dafür nicht kaufen soll. Andererseits fließen heute enorme Summen durch die Hände von Kindern und Jugendlichen.

Im Bürgerlichen Gesetzbuch gibt es einen Paragrafen, aus dem deutlich hervorgeht, dass Minderjährige über ihr wöchentliches und monatliches Taschengeld frei verfügen sollen und dürfen. Allerdings sind die Eltern nicht verpflichtet, überhaupt Taschengeld zu zahlen oder sich auf eine bestimmte Höhe festzulegen. Als Orientierungshilfe für die Höhe des Taschengeldes geben die Jugendämter jedes Jahr neue Richtlinien heraus.

Für alle Einkäufe, die du mit deinem Taschengeld machst, gelten dieselben Rechte wie für Erwachsene. Deine Eltern können dich nicht mit etwas, was du gekauft hast und was ihnen nicht gefällt, wieder ins Geschäft schicken, um das Geld zurückzuverlangen. Das ist nur möglich, wenn du über das Ziel hinausgeschossen bist und dir etwas gekauft hast, was die übliche Taschengeldhöhe übersteigt. Solange du minderjährig bist und deine Eltern diesen Kauf nicht genehmigt haben, kann er von ihnen rückgängig gemacht werden.

Wenn das von deinen Eltern spendierte Taschengeld nicht ausreicht – und das ist wohl relativ oft der Fall –, kannst du dir überlegen, ob du dich nicht schon mal in die Selbstständigkeit stürzt und dir eine Arbeit suchst. Zwei Dinge sind dabei zu bedenken: Wenn du Schwierigkeiten in der Schule hast oder dich allgemein nicht so gut fühlst, musst du aufpassen, dass du dich nicht übernimmst. Schau dann lieber erst, dass du deine Probleme in den Griff bekommst. Denn wenn du dir nun noch zusätzlichen Stress verschaffst, verschlimmerst du deine Situation nur.

Dann solltest du dir einen Job suchen, der dir Spaß macht, bei dem du deine Begabung, dein Können und dein Wissen gewinnbringend einsetzen kannst. Damit bekommst du auch Erfahrungen, die dir später im Beruf dienlich sein können.

Möglicherweise machen sich deine Eltern Sorgen, dass du deine Schul- oder Berufsausbildung dadurch gefährdest. Da hilft nur ein offenes Wort. Du solltest ruhig mit ihnen besprechen, inwieweit sie dich da unterstützen können. Sicher werden sie nämlich stolz darauf sein, dass du schon so viel Verantwortung für dich übernehmen möchtest.

// Darf ich einen Job annehmen?

Schüler unter 18 Jahren, die noch zur Schule gehen, dürfen nur während der Schulferien für höchstens vier Wochen pro Kalenderjahr jobben. Und das auch erst ab dem 15. Lebensjahr. Dinge, die du tun kannst, gibt es viele: So brauchen viele Leute jemanden, der sich um Haus und Garten, um Kinder und Tiere, um Küche und Wäsche, um Besorgungen und kleinere Büroarbeiten kümmert. Auch ungewöhnlichere Sachen wie Fahrradkurierdienste, Brötchenbote oder Fensterputzservice könntest du dir ausdenken. Hör dich bei deinen Eltern, in deiner Nachbarschaft, in der Schule um, wo es was zu tun gibt. Du kannst auch eine Annonce im örtlichen Anzeigenblättchen oder in zahlreichen Online-Jobbörsen aufgeben. Fühlst du dich nicht zu einer ausgefallenen Sache berufen, beginnst du einfach mit den klassischen Schülerarbeiten: Nachhilfestunden geben, babysitten oder Flyer verteilen. Gegen einen regelmäßigen kleinen Job, der monatlich nicht mehr als 400 Euro einbringt, haben weder Finanzamt noch Versicherungen etwas einzuwenden. Vorausgesetzt, das ist deine einzige Einnahmequelle. Tätigkeiten wie Babysitting, auf Tiere aufpassen oder Besorgungen erledigen gelten nicht als Arbeit, sondern als Gefälligkeiten. Auch wenn du ausrangierte Kleidung verkaufst oder dein Hobby – etwa Töpfern – zu einer Geldquelle machst, interessiert das niemanden. Sollte sich aber daraus ein richtiges Gewerbe entwickeln und solltest du dann auch noch mit anderen zusammenarbeiten, müsstest du vielleicht den Steuerberater deiner Eltern um Rat fragen. Sinnvoll ist es auf jeden Fall, ein kleines Kassenbuch anzulegen, in dem du Einnahmen und Ausgaben notierst. So behältst du den Überblick und kannst auch prüfen, ob sich deine Arbeit lohnt.

Deine Eltern haben übrigens prinzipiell das Recht, mit zu entscheiden, was mit dem Lohn geschehen soll. Sie können verlangen, dass du davon zu Hause etwas ablieferst. Ein eigenes Konto kannst du bereits als Kind bei Banken oder Sparkassen eröffnen. Ein Elternteil hat jedoch bis zu deiner Volljährigkeit Vollmacht darüber. Wenn du gespartes Geld hast, ist es sinnvoll, ein Sparkonto anzulegen, auf dem dein Geld für dich Zinsen bringen kann.

// Wie kann ich mich für etwas Sinnvolles engagieren?

Viele Jugendliche sind auf der Suche nach etwas, wofür sie sich engagieren können. Dabei lernen sie, eine eigene Meinung zu haben und sie auch zu vertreten. Gefördert werden dabei auch soziale Fähigkeiten, Ideenreichtum und Kreativität, gutes Zeitmanagement, Organisationstalent, Führungsqualitäten und Fachwissen. Eine ehrenamtliche Tätigkeit ist eine rundum gute Sache und kann dir eine große Zufriedenheit bescheren. Sie wird deinen Horizont erweitern und dich selbst in Relation zu deiner Umwelt setzen.

Jede Stadt hat eine Freiwilligenagentur, welche die unterschiedlichsten Projekte aus allen möglichen Bereichen des Lebens anbietet.

Überall gibt es Gruppen, in denen Jugendliche arbeiten können. So haben beispielsweise die Parteien und die Umweltorganisationen meist spezielle Jugendgruppen. In den Schulen gibt es Theater- und Kunstgemeinschaften. Bei einigen Jungen im ländlichen Raum ist z. B. die Freiwillige Feuerwehr sehr beliebt.

Für junge Menschen zwischen 16 und 26 Jahren, die sich gerne in sozialen oder Umweltbereichen einsetzen möchten, gibt es die Möglichkeit, nach der Schule ein freiwilliges soziales oder ökologisches Jahr zu absolvieren. Sie können auf diese Weise vor Beginn einer Ausbildung oder eines Studiums einen Einblick in soziale und ökologische Berufe erhalten und sich unter Anleitung von Fachkräften darin erproben (Informationsadressen findest du ab Seite 171).

Wofür du dich selbst interessierst und was dir am meisten Spaß macht, musst du erst herausfinden. Du kannst überall hineinschnuppern und dich dann für etwas entscheiden. Du kannst auch ruhig einmal etwas anfangen und dann wieder aufhören, wenn du merkst, dass es dir nicht liegt. Da musst du dir von anderen keine mangelnde Konsequenz vorwerfen lassen. Die Jugendzeit ist schließlich auch dazu da, verschiedene Möglichkeiten auszuprobieren und einen Überblick zu gewinnen.

Gruppen können nämlich auch einen Druck auf ihre Mitglieder ausüben, dem man sich als einzelner Mensch schwer entziehen kann. Um von einer bestimmten Clique akzeptiert zu werden, tun viele Menschen Dinge, die sie eigentlich gar nicht wollen. Wer nur so handelt wie die Mehrheit, tut das oft gegen die eigenen Interessen und die innere Überzeugung. Wenn andere beispielsweise etwas tun, was gefährlich, nicht gesund, zerstörerisch, erniedrigend oder ungesetzlich ist, dann stehst du vor der Wahl, es mitzumachen, »Nein« zu sagen oder dich irgendwie herauszuwinden. Vor dieser Wahl steht man immer wieder im Leben: Soll ich bei der Prüfung mogeln, betrunken Auto fahren, Intrigen mitspinnen, Drogen ausprobieren oder mit jemandem schlafen, den ich kaum kenne?

Bei der Entscheidung hilft dir niemand. Wenn du dich für etwas anderes entscheidest als die anderen, musst du damit rechnen, dass sie dir Schwierigkeiten machen werden und wütend auf dich sind. Echte Freunde sind das nicht. Sich gegen solchen Druck durchzusetzen, dazu gehören Mut und Selbstvertrauen. Wenn du es noch nicht schaffst, ein klares »Nein« zu einer Sache zu sagen, musst du kein schlechtes Gewissen haben, wenn du dich unter einem Vorwand ausklinkst. Gestehe dir ruhig in solchen Situationen Notlügen zu. Die Hauptsache ist, dass du nichts tust, was du nicht willst und was dir schadet.

// Muss ich zur Bundeswehr oder zum Bundesfreiwilligendienst?

Die Wehrpflicht ist in Deutschland noch im Grundgesetz verankert, allerdings ist sie seit 2011 ausgesetzt. Das heißt, dass die sicherheitspolitische Lage es nicht mehr notwendig macht, Betroffene gegen ihren Willen einzuziehen. Bis 2012 mussten die sogenannten Wehrdienstverweigerer einen Zivildienst in sozialen Einrichtungen leisten, aber auch dieser wurde mittlerweile abgeschafft. Wahlweise und freiwillig kannst du dich jetzt entscheiden, ob du trotzdem für eine kurze oder längere Zeit zur Bundeswehr gehst oder ob du vielleicht am Bundesfreiwilligendienst teilnimmst, der den bisherigen Zivildienst ersetzt. Der kurz genannte BFD ist gemeinnützig und ohne Vergütung. Im Gegensatz zum vorherigen Zivildienst steht er auch Menschen über 27 Jahren offen. Er wird als Ergänzung zum freiwilligen sozialen Jahr und dem freiwilligen ökologischen Jahr (für Leute zwischen 16 und 26) betrachtet. Einsatzorte sind alle gemeinnützigen Institutionen im Umwelt-, Sozial-, Kultur- oder sogar Sportbereich. Statt eines Gehalts bekommt man Unterkunft, Verpflegung, Kleidung und Taschengeld. Dieser sozial orientierte Dienst stellt eine gute Möglichkeit für junge Menschen dar, die nach der Schule noch nicht sicher sind, was sie für eine Berufslaufbahn einschlagen möchten. Er ist außerdem eine gute Chance, sich unterschiedlichste Kenntnisse und Fähigkeiten wie Zeitmanagement, Organisationstalent, Führungsqualitäten und Fachwissen anzueignen. Auch macht sich eine freiwillige soziale Arbeit immer gut bei späteren Bewerbungen.

Du kannst allerdings auch freiwillig Wehrdienst leisten. Der Zeitraum für diese Art Wehrdienst bemisst sich zwischen 6 und 23 Monaten. Wenn du dich entscheidest, länger als 12 Monate in der Bundeswehr zu bleiben, musst du dich verpflichten, an eventuellen Auslandseinsätzen teilzunehmen. Ob du dann tatsächlich dafür ausgewählt wirst, hängt von verschiedenen Faktoren ab: Wie viele Soldaten werden gebraucht, braucht man jemanden mit deiner Qualifikation usw. Nach dem freiwilligen Wehrdienst hast du die Möglichkeit, die Laufbahn eines sogenannten Soldaten auf Zeit einzuschlagen. Das ermöglicht dir unter anderem im Rahmen deiner Verpflichtung, auf Staatskosten eine Ausbildung zu machen, zu studieren und eine Reihe von Bildungs- und Weiterbildungsangeboten wahrzunehmen. In Zeiten eines hart umkämpften Arbeitsmarkts mag die Bundeswehr als eine Alternative erscheinen, aber die Entscheidung sollte keinesfalls leichtfertig gefällt werden. Als Soldat musst du natürlich auch bereit sein, für dein Vaterland in ernste Einsätze zu gehen und gegebenenfalls dein Leben einzusetzen.

Je früher du dich mit dieser Frage beschäftigst, desto eher kannst du dir ein Urteil bilden. Wenn es bei mehreren Jungen und Mädchen deiner Klasse ein Interesse gibt, könnt ihr einen Jugendoffizier einladen. Dieser kümmert sich unter anderem um die Presse- und Öffentlichkeitsarbeit der Bundeswehr. Manche Schule sieht es allerdings nicht gern, wenn Militär und Schule miteinander verwoben werden, d. h. ihr müsstet vorher mit eurem Lehrer sprechen. Ansonsten kannst du natürlich jederzeit selbst im Internet recherchieren oder zu einem Tag der offenen Tür gehen.

// Kann ich einen Schüleraustausch machen?

Bei einem School Exchange Year bzw. Schüleraustausch handelt es sich nicht um einen Tausch zwischen Familien und Ländern zweier Austauschschüler, sondern um einen Auslandsaufenthalt für ein halbes oder ganzes Jahr. Während dieser Zeit wohnt man bei einer Gastfamilie, geht auf eine Gastschule und lebt ein für das jeweilige Land ganz normales Leben, welches für einen selbst aber alles andere als normal sein wird.

Der Begriff »Austausch« bezieht sich hier auf den kulturellen Austausch, welchen man während des Jahres vor Ort erhält. Ein Schüleraustausch bietet eine ganze Menge Vorteile. Du kannst in einem halben bzw. ganzen Jahr viel lernen, was dir nützlich sein und dich weiterbringen wird. Nicht nur für deinen späteren Beruf, sondern auch für dich selbst. Du meisterst damit eine ziemlich große Herausforderung und wirst dadurch selbstständiger, selbstbewusster und toleranter, lernst eine Fremdsprache, du bist für eine Zeit unabhängiger als daheim, lernst neue Leute kennen, sammelst unvergessliche Eindrücke, siehst die Welt aus einem anderen Blickwinkel, und nicht zuletzt lernst du deine Heimat und deine Familie ganz neu schätzen.

Die größte Schwierigkeit, die es zu überwinden gilt, ist der finanzielle Aspekt. Die meisten Schüler bekommen erst einmal einen Schock, wenn sie sich über die verschiedenen Programme der vielen Organisationen im Internet informieren. Denn ein Schüleraustausch ist nicht billig – vom Gastland und Angebot abhängig variiert der Preis für ein ganzes Jahr zwischen 5 000 und 50 000 Euro. Lass dich davon nicht abschrecken. Es gibt diverse Möglichkeiten, ein Austauschjahr zu finanzieren, ohne dass deine Familie verarmen muss.

Neben dem Kindergeld, welches auch bei einem Auslandsaufenthalt weitergezahlt wird, kann man viel Geld für seinen Austausch vom Staat bekommen und sich um Auslands-BAföG bewerben. Hier ist jedoch eine Einkommensgrenze für die Eltern vorgeschrieben. Außerdem gibt es eine Reihe von Stipendien, für welche du dich bewerben kannst. Auch wenn du nicht die perfekten Noten in der Schule erzielst, hast du häufig trotzdem gute Chancen auf ein Stipendium. Außerschulisches Engagement, interessante Hobbys, eine gut gemachte Bewerbung, selbstbewusstes und offenes Auftreten bei den Stipendientagen kann so manche Vieren oder Fünfen wettmachen. Für Stipendien kann man sich bei Austauschorganisationen, Firmen, Stiftungen und öffentlichen Stellen, sogar beim Bundestag bewerben (Informationen zu diesen ab S. 171).

Bei der Auswahl der Organisation gibt es kein Falsch oder Richtig. Du solltest dich im Bekanntenkreis umhören, vielleicht kann dich jemand, der auch einen Schüleraustausch gemacht hat, beraten. Du kannst dir auch drei oder vier Organisationen auswählen, mit ihnen Kontakt aufnehmen und dir selber einen persönlichen Eindruck verschaffen. Achte dabei vor allem darauf, wie gut die Vorbereitung auf deinen Austausch ist (Kontaktperson für Fragen, Vorbereitungsseminar in Deutschland usw.) und wie die Betreuung in deinem Gastland ablaufen würde: (Vorbereitungsseminar im Gastland, Repräsentant/in in der Nähe deiner Gastfamilie usw.)

Falls du Hilfe vor Ort brauchst, dann sollte auf jeden Fall jemand für dich da sein!

Eine andere Form des Auslandsaufenthalts ist das sogenannte Work & Travel. Diese Form des Reisens ist eher für Leute gedacht, die die Schule bereits abgeschlossen haben und nicht gleich mit der Berufsausbildung oder dem Studium beginnen möchten, weil sie beispielsweise noch gar nicht genau wissen, welchen Beruf sie ergreifen möchten. Zweck dieser Reisen ist genau wie beim Schüleraustausch das Kennenlernen eines Landes, seiner Kultur sowie der Sprache. Work & Travel unterscheidet sich dadurch, dass sich der Reisende das nötige Geld durch kurze oder auch längere Gelegenheitsjobs vor Ort (»Jobhopping«) verdient.

Für die Zeit der Reise wird ein spezielles Visum ausgestellt, mit dem man bis zu zwölf Monate arbeiten und reisen kann. Organisiert wird so etwas meistens von Studienreisen-Veranstaltern in Kooperation mit privaten oder staatlichen Jobagenturen vor Ort. Die Vorbereitung und Durchführung des Auslandsjahres kannst du aber auch komplett alleine organisieren.

Wenn du die Chance hast, für eine Zeit ins Ausland zu gehen, dann nutze sie! Wenn du im späteren Leben entweder durch Job oder Kinder an einen festen Ort gebunden bist, wird es immer unwahrscheinlicher, dass du diese Erfahrung machen kannst.

Warum sieht mein Gesicht aus wie ein Streuselkuchen?
Kaum jemand wird ohne Pickel erwachsen. Hat sich die Hormonbildung wieder eingependelt, verschwinden sie meist von selbst wieder.

Kann man Pickel mit gesundem Essen vermeiden?
Gesundes Essen ist für die Haut sehr wichtig, auch wenn Pickel nicht durch bestimmte Nahrungsmittel ausgelöst werden.

Warum muss man sich immer nach dem Essen die Zähne putzen?
Weil direkt nach dem Essen im Mund Säuren gebildet werden, welche die Zähne angreifen. Das gilt ganz besonders, wenn du gerade Süßes gegessen hast.

Wie bekomme ich mehr Muskeln?
Durch gute Ernährung und ausreichende Bewegung.

Welcher Sport ist am besten?
Jeder, der dir Spaß macht, dir liegt und in deinen Alltag passt.

Ich habe Übergewicht – wie werde ich das wieder los?
Verzichte, sooft es geht, auf Pommes, Hamburger, Süßigkeiten und zuckerhaltige Getränke. Suche dir eine Sportart, die dir Spaß macht, bewege dich. Vor allem regelmäßig.

// Wieso bekomme ich auf einmal so viele Pickel?

Die Haut schützt uns nicht nur gegen Einflüsse von außen, sie ist auch ein Spiegel unserer Seele. Sie zeigt oft, wie es um unsere Gefühle steht: Sie ist strahlend, wenn wir glücklich sind, sie errötet, wenn wir schüchtern sind oder uns schämen, sie wird blass, wenn wir Angst haben. Man sagt, sensible Menschen sind eher »dünnhäutig«, robustere Seelen haben »ein dickes Fell«. Eine schöne, glatte und strahlende Haut signalisiert anderen Menschen: Hier ist jemand gesund und fröhlich. Deshalb ist uns die »äußere Hülle« so ans Herz gewachsen.

In der Pubertät, wenn man vor dem anderen Geschlecht besonders gut dastehen möchte, spielt die Haut leider oft nicht mit. Sie neigt zu Unreinheiten, Pickeln, Pusteln oder Akne. Gerade bei Jungen sprießt und blüht es. Das liegt daran, dass nun in deinem Körper Geschlechtshormone gebildet werden. Das Testosteron macht die Haut grobporiger und wirkt sich auf die Talgproduktion aus. Es wird mehr Talg in der Haut gebildet, die Poren verstopfen und entzünden sich. Die Haut beruhigt sich nach einer Weile wieder – spätestens wenn die Pubertät ausklingt. Völlig ohne Pickel übersteht kein Mensch den Übergang zum Erwachsenwerden!

Gerade über Akne gibt es jedoch eine Reihe von Vorurteilen: Akne wird nicht durch bestimmte Speisen (Fett, Schokolade) ausgelöst, auch wenn sie durch eine falsche Ernährung verschlimmert werden kann. Ebenso wenig beruht Akne auf mangelnder Sauberkeit und Körperpflege, auch wenn es wichtig ist, bei Akne die Haut sorgfältig zu reinigen und schonend zu pflegen.

Leichtere Hautprobleme bekommst du durch richtige Hygiene, durch gesunde Ernährung, ausreichend Schlaf und viel Bewegung meist selbst in den Griff. Teure Anti-Pickel-Kosmetika braucht es da gar nicht. Junge Menschen haben in der Regel eine fettige Haut. Zur Reinigung reicht lauwarmes Wasser, ab und zu eine alkalifreie Seife oder eine milde Reinigungsmilch. Waschcremes mit Schleifpartikeln wie Mandelkleie dürfen bei fetter oder Mischhaut und verstopften Poren ab und zu angewendet werden, solange die Haut nicht entzündet ist. Morgens und abends sollte die Haut mit einer pflegenden Creme eingerieben werden. Du solltest nie selbst an den Pickeln herumdrücken. Das verschlimmert die Entzündung und kann zu lebenslangen Narben führen. Logisch, dass sich das auf das seelische Befinden auswirkt. Nur sichtbar oberflächliche gelbe Eiterpfröpfe dürfen kurz nach außen (!) entleert werden. Dazu unbedingt die Finger mit einem sauberen Papiertuch umwickeln. Die behandelte Stelle sofort mit etwas Alkohol aus der Apotheke oder einem keimtötenden Mittel vom Arzt desinfizieren. Ein hautfarbener Abdeckstift hilft, die roten Stellen zu überdecken.

Bei sehr unreiner Haut kannst du vielleicht einen Besuch bei einer guten Kosmetikerin einplanen. Das hat mit Schminken nichts zu tun und ist auch für Jungen etwas, überdies ist es nicht sehr teuer: Kosmetikerinnen sind dafür ausgebildet, die Haut auf schonende und nachhaltige Weise zu säubern und den Pickeln zu Leibe zu rücken. Das ist auf alle Fälle billiger und besser, als immer wieder neue Mittel auszuprobieren, die letztlich nichts bewirken. Viele Kosmetikerinnen arbeiten heute mit Naturprodukten.

Bei schweren Hautproblemen ist es besser, zu einem Hautarzt zu gehen. Es gibt eine Reihe von modernen und wirksamen Medikamenten, mit denen er dir helfen kann. So gibt es etwa gerade für junge Haut eine Aknebehandlung mit einer bestimmten Säure (Azelainsäure), die auf sanfte Weise verhindert, dass die Poren verstopfen und sich entzünden. Wer etwas Geduld aufbringt, kann mit solchen medizinischen Behandlungsweisen wieder eine gesunde Haut bekommen.

// Wieso wird so viel über gesunde Ernährung gesprochen?

Für das Selbstwertgefühl ist es ganz wichtig, sich in seinem Körper wohlzufühlen. Wer körperlich fit ist, hat meist keine Gewichtsprobleme, ist ausreichend trainiert und hat vor allen Dingen gute Laune! Der wichtigste Grundstein sowohl für Schönheit als auch für Fitness ist neben Bewegung die richtige Ernährung.

Gerade Jugendliche in der Wachstumsphase brauchen ganz besonders viele gute Lebensmittel. Leider ist nicht alles, was beliebt ist, gesund. Hamburger, fettes Fleisch, weißes Brot, Cola- und Limonadengetränke, Chips, Popcorn, Schokolade, Süßigkeiten, Kuchen, Pralinen und Nugatcremes enthalten zu wenig wertvolle Inhaltsstoffe, die für deine Gesundheit wichtig sind. Sie legen den gesamten Organismus samt Gehirn lahm. Der ganze Körperkreislauf wird auf Sparflamme geschaltet, man setzt Speck an, hat keine Lust mehr, sich zu bewegen, wird denkfaul und müde. Auch die Haut wird fahl und schlaff. Natürlich musst du nicht gänzlich auf solche Lebensmittel verzichten; ab und zu sind ein Stück Torte oder Chips auch okay.

Sich gesund und trotzdem lecker zu ernähren, ist gar keine große Kunst. Es gibt nur eine einzige Regel: Sich so abwechslungsreich und natürlich wie möglich ernähren! Also viele verschiedene Speisen essen, die frisch zubereitet oder schonend gekocht sind.

Ganz, ganz früher machten die Menschen das noch richtig, indem sie sich überwiegend von Pflanzen, Wurzeln und Getreide ernährten. Sie bekamen dadurch starke Knochen und kräftige Muskeln. Fleisch gab es nur sehr selten, Fett in Maßen und Zucker gar nicht. Industriell gefertigte Lebensmittel, die vielfach bearbeitet und bis zur Unkenntlichkeit mit möglicherweise schädlichen Zusatzstoffen versetzt sind, gab es noch überhaupt nicht.

Getreide beispielsweise – in Form von frisch gebackenem Brot, Vollkornnudeln oder Müsli – enthält fast alles, was der Mensch zum Leben braucht: Eiweiß, Stärke, Wasser, Fett, Ballaststoffe, Mineralstoffe und viele lebenswichtige Vitamine. Auch in Hülsenfrüchten, Kartoffeln, Obst und Gemüse sind jede Menge gesunde Nährstoffe drin. Wer sich davon ernährt, braucht keinen Mangel zu befürchten. Nun wirst du vielleicht sagen, dass du Gemüse und andere gesunde Sachen nicht besonders gerne magst. Aber möglicherweise musst du zugeben, dass das eher ein Vorurteil ist. Ob es dir schmeckt, liegt weniger an dem, was du isst, sondern daran, wie es zubereitet ist. Es ist doch kein Wunder, dass du matschig gekochtes Gemüse nicht toll findest. Vielleicht kannst du zu Hause anregen, dass ihr mehr Salat esst, vielleicht auch Gerichte mit Hülsenfrüchten und Gemüse oder Vollkornaufläufe ausprobiert, die ihr noch nicht so gut kennt. Sahne, Butter, frische Gewürze, Essig und Pflanzenöl machen daraus ein First-Class-Essen. Wichtig ist es auch, viel zu trinken – am besten Mineralwasser oder Kräutertee.

Die Schönheit von Haut, Haaren und Nägeln hängt wesentlich von einer ausgewogenen, vollwertigen Ernährung ab, da sie nur von innen alles Wichtige für ihren Aufbau beziehen können. Die Nähr- und Wirkstoffe, die für den Aufbau aller Zellen und für deren Betriebsstoff nötig sind, werden über feinste Blutgefäße in die jeweilige Zelle transportiert. Einzelne Nährstoffe sind voneinander abhängig und können nur im Zusammenspiel voll ausgenutzt werden. Deshalb ist eine ausgewogene Mischkost so besonders wichtig, die auch Fleisch und Fisch enthält.

Die Haut ist ein wichtiger Teil des körpereigenen Entsorgungssystems. Über Millionen von Talg- und Schweißdrüsen werden in jeder Minute Giftstoffe ausgeschieden. Ist die Haut schlecht durchblutet und sind die Drüsen verstopft, wird der ganze Organismus in Mitleidenschaft gezogen. Als Gerüstsubstanz für Haut, Haare und Nägel wird der Baustein Eiweiß gebraucht. Viel und gutes Eiweiß ist in Milch, Getreide, Kartoffeln und vielen Gemüsearten enthalten. Ein wenig Fett braucht der Körper, um Vitamine aufzuschlüsseln. Vitamine sind für eine schöne Haut unentbehrlich, sie sorgen dafür, dass der Stoffwechsel der Haut reibungslos funktioniert. Besonders gut für die Haut sind die Vitamine A, B, C und E. Damit die Haut schön bleibt, braucht sie auch viel Sauerstoff. Mit gezielter Bewegung, Massage, Trockenbürsten, Sauna und kalt-warmen Duschen wird die Durchblutung auf Trab gebracht und mehr Sauerstoff zu den Hautzellen transportiert.

Auch eine gute, regelmäßige Verdauung ist für das Aussehen von großer Bedeutung. Der Darm funktioniert mit dieser gesunden Ernährung viel besser: In Gemüse, Getreide, Hülsenfrüchten, Obst und Kartoffeln sind viele Ballaststoffe enthalten. Das sind unverdauliche Teile, die den Magen füllen, schnell satt, aber nicht dick machen. Der Verdauungsapparat ist lange damit beschäftigt, diese Teile wieder aus dem Körper zu transportieren. Dabei werden gleichzeitig auch andere Gift- und Schlackenstoffe aus dem Körper geschleust. Dafür muss sich der Darm ziemlich anstrengen, und das macht ihn fit.

Wenn die Mischung stimmt, musst du nicht gänzlich auf deine Lieblingsspeisen verzichten. Wer viel Gemüse und Vollkorn isst, kann ruhigen Gewissens auch mal ein Stück Torte oder eine Portion Pommes frites essen. Wer eine Schwäche für Hamburger und Pommes frites hat, kann sich mit einem Trick helfen: Wenn du einen Salat dazu isst, auf die Mayonnaise verzichtest, statt Cola Milch oder Orangensaft trinkst, brauchst du kein schlechtes Gewissen zu haben. Hast du morgens schon ein frisches Müsli gegessen, bist du auf der sicheren Seite.

// Wie bekomme ich schönere Zähne?

Schöne und gesunde Zähne gehören zum guten Aussehen dazu. Sie müssen deshalb ganz besonders sorgfältig und regelmäßig gepflegt werden. Zahnfäule ist eine der häufigsten Krankheiten überhaupt. Karies ist gleichzeitig auch die überflüssigste Krankheit, denn sie lässt sich mit Zähneputzen locker vermeiden. Ein sauberer Zahn wird nicht krank. In der Mundhöhle leben Bakterien, die bei schlechter Reinigung eine harte Schmutzschicht, die Plaque, bilden. Bekommen diese Bakterien viel Zucker »zu fressen«, bilden sich in dieser Schicht besonders viele Säuren, die nun ihrerseits den Zahn annagen. Forscher haben festgestellt, dass die Säuren schon zehn Minuten nach einem Stück Schokolade, einem Schokoriegel, einem Bonbon oder einer Praline dem Zahn zusetzen. Im Gegensatz zu Süßigkeiten werden andere Speisen – etwa Obst, Brot oder Kartoffeln – so langsam abgebaut, dass die entstehende Säure vom Speichel unschädlich gemacht werden kann. Deshalb sollte man sich sofort nach dem Naschen die Zähne putzen.

Nach jeder Mahlzeit sollte man sich die Zähne putzen, zumindest aber morgens und abends zwei bis drei Minuten lang. Die Zeit vergeht schneller, wenn man das Radio anmacht und sein Lieblingslied lang putzt. In der Apotheke gibt es Tabletten zu kaufen, mit denen sich testen lässt, wie gut du dir die Zähne geputzt hast. Sie färben den Zahnbelag, den du nicht weggebürstet hast, in grellen Farben. Du musst anschließend die Farbe gründlich abbürsten. So bekommst du ein Gefühl dafür, wann deine Zähne richtig sauber sind. Die Zahnzwischenräume lassen sich entweder mit Zahnseide und Zahnstochern reinigen oder mit einer Munddusche durchspülen.

Immer mehr Zahnärzte empfehlen ihren Patienten Kaugummi gegen Karies. Durch das Kauen verstärkt sich der Speichelfluss. Die im Speichel enthaltenen Stoffe machen den schädlichen Säuren, die durch Zucker und andere Kohlenhydrate entstehen, den Garaus. Gleichzeitig werden die ebenfalls im Speichel vorhandenen Kalzium- und Phosphatspuren im Zahnschmelz angelagert und härten ihn. Der Kaugummi sollte zuckerfrei sein und mindestens 20 Minuten lang gekaut werden. Das macht übrigens auch klug, denn das Gehirn bekommt durch das Kauen mehr Sauerstoff.

Kaugummis helfen außerdem gegen Mundgeruch, so wie alles, was den Speichelfluss anregt, hilfreich ist, denn Mundgeruch entsteht meistens aus einem zu trockenen Mund. Deswegen haben viele Menschen am Morgen, direkt nach dem Aufwachen einen schlechten Geschmack im Mund. Beim Schlafen wird wenig Speichel gebildet und Bakterien können sich leichter an den Zähnen halten. Einen zu trockenen Mund bekommt man auch, wenn man zu wenig trinkt oder z. B. auch vom Rauchen (ein guter Grund, es sein zu lassen!). Wenn du das Gefühl hast, du hast auch oft am Tag Mundgeruch, obwohl du viel trinkst, solltest du zu einem Zahnarzt gehen, der dann überprüfen kann, ob du eventuell eine Infektion im Mund hast, die den Geruch hervorruft. In manchen Fällen können auch Stress und Depressionen die Speichelmenge im Mund beeinflussen. Mundgeruch ist auf jeden Fall nichts, womit du dich abfinden musst. Er kann behandelt werden.

Nur selten reiht die Natur die Zähne wie Perlen auf einer Schnur aneinander. Bei Fehlstellungen kann man heute mit einer Zahnspange die Zähne gerade stellen, etwa wenn sie weit auseinanderstehen oder sich eng hintereinanderschieben. Das wird heute meist mit der Multibandtechnik gemacht: Metallringe mit kleinen gelöteten Schlössern werden auf die Zähne geklebt. Sie besitzen einen Schlitz, durch den spezielle Drähte gezogen werden. Durch den Druck, den die Vorrichtung ausübt, werden die Zähne allmählich in die richtige Position gezogen. Bis zu zwei Jahre lang können diese Bänder im Mund bleiben. Wer sich scheut, diese Klammern sichtbar zu tragen, kann sie auch innen befestigen lassen. Das ist aber komplizierter und teurer. Außerdem lassen sich die Zähne sehr schlecht putzen.

Bevor du deine Zähne richten lässt, solltest du dir jedoch überlegen, ob es tatsächlich medizinisch nötig ist, oder ob es dir nur um eine kosmetische Behandlung geht. Eine kleine Zahnlücke zum Beispiel kann sehr charmant sein, manche Stars, wie Elijah Wood, Jürgen Vogel oder Woody Harrelson, haben sie sogar zu ihrem Markenzeichen gemacht.

// Was muss ich beachten, wenn ich mich tätowieren oder piercen lassen möchte?

Dauerhafter Körperschmuck liegt seit einigen Jahren voll im Trend. Es ist wenig verwunderlich, dass viele Teenager Lust auf Tattoos und Piercings haben. Allerdings können sich Eltern oftmals nur wenig mit dem Wunsch ihrer Kinder anfreunden, denn vor allem Tattoos können schwer wieder entfernt werden. Ihre Argumente beziehen sich meist auf die gesundheitlichen Gefahren und die Nachteile bei der Jobsuche, sollte das Piercing oder Tattoo für alle sichtbar sein.

Gepiercte und tätowierte Menschen sind inzwischen in vielen Branchen und allen sozialen Schichten zu finden. Zudem könnten zumindest Piercings bei Bewerbungsgesprächen und später während der Arbeitszeit entfernt werden. Bei Tattoos ist das schon schwieriger, aber die meisten kann man unter seiner normalen Kleidung verstecken. Das wird wahrscheinlich nötig sein, wenn man einen Job hat, bei dem man regelmäßig mit verschiedenen Kunden arbeitet.

Solltest du den Wunsch verspüren, dir ein Tattoo oder Piercing stechen zu lassen, dann beachte vor allem den Hinweis auf die gesundheitlichen Gefahren: Augenbrauen- oder Nasenpiercings können den Trigeminusnerv treffen und zu starken Gesichtsschmerzen führen. Piercings im Mundinneren, also an der Zunge, an den Zähnen oder am Lippenbändchen, schädigen auf Dauer die Zähne und den Zahnschmelz. Bei Intimpiercings, die nicht komplett ausgeheilt sind, steigt die Gefahr, sich beim Sex mit Aids, Hepatitis B oder anderen Geschlechtskrankheiten anzustecken. An den entstandenen Wunden können sich auch bei Beachtung aller Hygienevorschriften wuchernde, narbige Veränderungen bilden, sogenanntes »wildes Fleisch«. Bei Tätowierungen sollte man zusätzlich beim Hausarzt einen Allergietest mit den verwendeten Farben vornehmen. Einige Farben enthalten sogenannte Azo-(synthetische) Farbstoffe, deren gesundheitliche Auswirkungen im Körper bisher noch nicht absehbar sind.

Wenn du dir die Sache lang genug überlegt hast und du trotzdem ein Piercing oder Tattoo haben möchtest, dann achte unbedingt auf die Wahl eines seriösen Studios! Ein seriöses Studio erkennt man daran, dass es ein ausführliches Vorgespräch anbietet, in dem u. a. nach chronischen Krankheiten und regelmäßiger Medikamenteneinnahme gefragt wird, auf eventuelle Folgeschäden hingewiesen und detaillierte Anweisungen zur Nachbehandlung gegeben werden. Der verwendete Piercing-Schmuck sollte aus nickelfreien Edelmetallen wie Gold, Silber, Titan oder Platin angeboten werden. Ganz besonders wichtig ist die Hygiene im Studio! Elementar ist, dass Einweginstrumente und Einweghandschuhe benutzt werden, damit du dich nicht mit einer ansteckenden Krankheit, wie Aids oder Hepatitis, infizieren kannst.

Es gibt einige gesetzliche Regelungen, an die sich seriöse Studios halten. Prinzipiell darf sich zwar jeder Mensch piercen oder tätowieren lassen, aber der Vorgang selbst stellt eine »mutwillige Körperverletzung« dar. Deswegen müssen Kunden eine Verzichtserklärung unterschreiben. Minderjährige brauchen außerdem eine schriftliche Einwilligung der Eltern. Es gibt kein klares Gesetz, ab welchem Alter man sich tätowieren bzw. piercen lassen darf, da man nicht verallgemeinern kann, ab welchem Alter jemand die Folgen einer solchen Behandlung abschätzen kann. Hält der Tätowierer den minderjährigen Kunden für reif genug, kann er durchaus auch ohne Erlaubnis der Eltern handeln. Viele Piercer und Tätowierer lehnen jedoch die Behandlung von Jugendlichen unter 14, manchmal sogar unter 16 Jahren grundsätzlich ab. In der Schweiz ist die Regelung ähnlich, in Österreich ist das Tätowieren Minderjähriger verboten.

Bedenke auch bei deiner Entscheidung, dass der Trend von heute in einigen Jahren belächelt werden kann, wie z. B. beim sogenannten »Arschgeweih«. Auf jeden Fall solltest du bei einem Tattoo ein Motiv wählen, das dir gut und auf lange Sicht gefällt, denn du wirst es dein Leben lang ansehen müssen. Es gibt zwar mittlerweile einige Methoden, das Tattoo wieder entfernen zu lassen, aber das ist nicht nur kostspielig und langwierig, sondern kann auch gesundheitsschädlich sein und ist in jedem Fall schmerzhaft.

// Sind Drogen wirklich so schlimm?

Wir leben in einer Gesellschaft, in der Drogen so alltäglich sind wie Essen und Trinken. Damit sind Naturdrogen gemeint wie Arzneien aus pflanzlichen und tierischen Stoffen oder aber auch Kaffee, Tee und colahaltige Getränke. Hinzu kommen Drogen wie Nikotin, Alkohol, synthetische Arzneien, Koks, Hasch, Heroin, Ecstasy und Crystal Meth. Gerade in der Welt der Jugendlichen spielen Drogen heute eine zunehmende Rolle. In der einen oder anderen Weise wirst du auf Drogen treffen. Alle Drogen üben einen Einfluss auf das Nervensystem aus. Fast alle Drogen machen abhängig. Wer einmal damit angefangen hat, kommt nur schwer wieder davon los. Dem schlechten Beispiel vieler Erwachsener folgend, greifen auch Jugendliche immer häufiger zu Drogen. Alkohol, Zigaretten und Medikamente sind dabei die unauffälligsten, weil sie von vielen Menschen konsumiert werden. Alkohol ist die verbreitetste Droge, weil es eine relativ billige Möglichkeit ist, sich in eine gehobene Stimmung zu versetzen. Alkoholtrinken als »Challenge« auf Facebook liegt bereits seit einiger Zeit im Trend, seine Ausführung nimmt jedoch immer extremere Ausmaße an. Mittlerweile sind sogar einige Jugendliche beim sogenannten Komasaufen gestorben.

Das Thema Alkohol ist generell nicht ganz einfach zu behandeln, denn Alkohol ist eine gesellschaftlich weitestgehend anerkannte Droge. Auf nahezu jedem Fest werden alkoholische Getränke angeboten und auch von fast allen Erwachsenen genossen. Gewöhnlich wächst man heutzutage schon mit dem Gedanken auf, dass Alkohol zu einer fröhlichen Runde dazugehört. Er wird ja auch öffentlich so beworben. In geringen Mengen getrunken, kann er tatsächlich zu einem entspannten Grundgefühl beitragen. Wie viel man von ihm verträgt, muss man allerdings allein herausfinden. Damit solltest du dir allerdings Zeit lassen! In jungen Jahren braucht es naturgemäß wenig, und es bringt nichts, gegen den eigenen Körper zu arbeiten, indem man, aus welchen Gründen auch immer, versucht, ihn zu überlisten und ihn eigentlich nur vergiftet. In den meisten Fällen schmeckt Jugendlichen anfangs auch Alkohol nicht. Du solltest an dieser Stelle wirklich auf den eigenen Körper hören und dir nichts reinzwängen, was du natürlicherweise nicht magst. Später wird es sich wahrscheinlich ändern, und wenn nicht, dann ist es umso besser! Du tust deiner Intelligenz einen großen Gefallen, denn besonders bei Jugendlichen wirkt sich Alkohol auf das Gehirn aus. Es befindet sich ja noch im Reifungsprozess. Die Gehirnregion Hippocampus, die für die Speicherung von Gedächtnisinhalten zuständig ist, kann durch dauerhaften und überhöhten Alkoholkonsum, vor allem beim »Komasaufen«, schrumpfen.

Die Gefahr des Alkoholismus besteht darin, dass man anfängt, nur zu trinken, um die eigene Stimmung zu verändern und Probleme zu vergessen. Manche sehen dann keinen anderen Ausweg oder bevorzugen den vermeintlich erst mal leichteren Weg, sich zu benebeln, statt den Problemen ins Auge zu sehen oder den Schritt weiterzugehen und sich von außen, z. B. durch einen Therapeuten, helfen zu lassen. Aus dieser Art von Alkoholgenuss entwickelt sich sehr leicht und schnell eine Abhängigkeit.

Die gesundheitlichen Risiken sind vor allem bei jungen Menschen nicht unbeträchtlich: Alkohol breitet sich schnell im gesamten Gehirn aus und kann lebenswichtige Funktionen betäuben. Atmung und Puls können so schwach werden, dass man das Bewusstsein verliert. Herzrhythmusstörungen und ein Schlaganfall können durch einen Rausch ausgelöst werden.

Betrunken ist man oft auch risikobereiter und man wird unvernünftiger. Man lässt sich daher eher auf Sachen ein, die man nüchtern niemals machen würde. Dazu zählt zum Beispiel ungeschützter Sex mit all seinen möglichen Konsequenzen oder betrunken Autofahren.

Es ist nicht immer einfach, zu angebotenen alkoholischen Getränken »Nein« zu sagen, immerhin haben alle Teenager den Wunsch, dazuzugehören. Aber es wird eine Reihe von Freunden geben, die dich dafür bewundern. Selbst wenn sie das nicht laut äußern. Und du selbst hast allen Grund, auf deinen Mut stolz zu sein!

Für Zigaretten gibt es nicht ein einziges positives Argument. Rauchen ist weltweit eine der bedeutendsten Ursachen für einen vorzeitigen Tod. In den Zigaretten verbergen sich allein rund 50 krebserregende Stoffe. Lungen- und Kehlkopfkrebs sind die bekanntesten Auswirkungen. Rauchen steigert auch das Risiko, an anderen Krebsarten zu erkranken, von der Zunge bis zum Magen, von der Gebärmutter bis zur Blase. Es schädigt den gesamten Organismus, kann unfruchtbar und impotent machen. Je jünger ein Mensch zu rauchen anfängt, desto schlimmer und wahrscheinlicher sind auftretende Krankheiten.

Viele Menschen versuchen, sich mithilfe von diversen Pillen – zum Schlafen, zum Aufputschen, zum Beruhigen oder gegen Schmerzen – über einen anstrengenden und enttäuschenden Alltag hinwegzuhelfen. Jede siebte »Psychopille« wird sogar von Kindern unter sieben Jahren geschluckt. Tabletten haben vielfältige schlechte Auswirkungen auf den Körper. Sie machen ebenfalls abhängig, schädigen die Leber, die Nerven und meist auch den Magen, Darm und die Nieren. Der Konsum von harten Drogen hat bei Jugendlichen in erschreckendem Ausmaß zugenommen. Die Konsumenten werden immer jünger. Kokain und Haschisch gehören für viele heute zum Alltag wie der Einlassstempel zum Club. Illegale Drogen gibt es an allen Ecken ohne große Schwierigkeiten. Momentan ist die sogenannte Partydroge Crystal Meth auf dem Vormarsch. Diese Substanz kann euphorisch machen und steigert die subjektive Leistungsbereitschaft. Lässt die Wirkung von kristallinem Methamphetamin, so die Übersetzung für Crystal Meth, nach, stellen sich Antriebslosigkeit und Gereiztheit ein. Bei regelmäßigem Gebrauch können Psychosen mit Wahnvorstellungen, Halluzinationen und Denkstörungen hervorgerufen werden. Leute, die Crystal Meth nehmen, berichten oft, dass sie schon nach kurzer Zeit die Kontrolle über ihren Konsum verlieren. Das hängt damit zusammen, dass Betroffene die Entzugserscheinungen als unerträglich wahrnehmen. Dazu kommt, dass Crystal-Meth-Abhängige innerhalb kürzester Zeit auch körperlich stark abbauen: Ihre Haut wird unrein bzw. anfällig für Ekzeme, ihre Zähne werden schlecht und können sogar ausfallen und sie verlieren lebensgefährlich an Gewicht.

Ebenso gefährliche Drogen sind die Rauschgifte LSD, Kokain und Heroin. Ihre Auswirkungen sind besonders verheerend. Erbrechen, Verstopfung, Wahnzustände, Depressionen, Blutkrankheiten, Muskelschwund, psychische Störungen, Leberentzündungen, Unfruchtbarkeit und Knochenschwund sind praktisch mit inbegriffen.

Drogensüchtige sind meist gar nicht mehr fähig, ein normales Leben zu führen. Sie sind ständig damit beschäftigt, daran zu denken, wie sie das Geld für die nächste »Line« oder den nächsten »Schuss« bekommen. Meist geht das nicht, ohne dass sie kriminell werden oder sich sogar als Prostituierte Geld verdienen müssen.

Auch Marihuana und Hanf werden oft unterschätzt. Sie werden zwar manchmal sogar als Schmerzmittel bei bestimmten Krankheiten wie Krebs eingesetzt, aber eine Abhängigkeitsgefahr besteht auch hier.

Egal mit welcher Droge, letztlich setzt man seinen Verstand, seine Nerven und sein Leben aufs Spiel. Wer das nicht will, sollte auf Drogen verzichten. Am schlimmsten ist die körperliche und seelische Abhängigkeit, die ein normales Leben fast unmöglich macht. Kein Suchtmittel kann das Leben verbessern oder Probleme lösen. Das Gegenteil ist der Fall!

Wer bereits Drogenprobleme hat, braucht schleunigst Hilfe. Es ist ungeheuer schwer, da alleine wieder herauszufinden. Der Ausstieg aus einer Drogensucht ist langwierig und schmerzlich. Mit der Hilfe erfahrener Menschen ist das aber nicht unmöglich. Bei den eigens für drogengefährdete Jugendliche eingerichteten Beratungsstellen findest du Menschen, die für dich da sind (Adressen findest du ab Seite 173). Oft sind es ehemalige Drogenabhängige, die sich für andere einsetzen, weil sie das Leid und das Elend aus eigener Erfahrung kennen. Auch wenn du dir Sorgen machst um eine drogenabhängige Freundin oder einen Freund, kannst du dich hier beraten lassen. Es ist keine Schande, von einer Droge abhängig zu sein, wohl aber eine, nichts dagegen zu unternehmen.

// Wie bekomme ich mehr Muskeln?

Jede Generation hat ihre eigenen Vorstellungen davon, wie ein perfekter Körper aussieht. Heute schwärmt man für einen muskulösen Männertyp mit kleinem Hinterteil, breiten Schultern und Waschbrettbauch. Aber das ist ein Idealbild, dem nachzujagen sich kaum lohnt. Denn erst einmal ändert sich das ständig, und zum anderen hat jeder Mensch seine unverwechselbare eigene Figur.

Natürlich kann man mit Gewalt versuchen, sich eine andere Körperkontur anzutrainieren. Dadurch wird man jedoch kein anderer Mensch. Auch Anabolika und andere hormonähnliche Substanzen sind keine Lösung, denn sie schaden der Gesundheit und unterbinden die eigene Testosteronbildung, lassen die Hoden schrumpfen, machen unfruchtbar und impotent.

Sich ausreichend zu bewegen, macht sich dagegen in vielerlei Hinsicht bezahlt. Gerade für Jugendliche ist es ein guter Ausgleich für die viele Sitzerei zu Hause vor dem Computer oder in der Schule. Beim Sport bildet der Körper beispielsweise Stoffe, die Stresserscheinungen abbauen und gute Laune machen. Innere Unruhe, Lustlosigkeit und Niedergeschlagenheit bessern sich durch Bewegung! Sport hilft, den Körper straff, beweglich, energiegeladen, geschmeidig und kraftvoll zu halten. Sportliche Jungen werden seltener krank.

Viele junge Menschen sind in Sportvereinen oder Fitnessklubs. In der Schule steht Sport auf dem Stundenplan. Zwei- bis dreimal wöchentlich für eine halbe Stunde aus der Puste kommen, ist für Körper und Seele ideal. Allerdings solltest du es nicht aus falsch verstandenem Ehrgeiz übertreiben. Nach dem Sport solltest du beschwingt und nicht erschöpft sein – dann hast du das richtige Maß gefunden.

Das Wichtigste ist jedoch, dass du dich für eine körperliche Aktivität entscheidest, die dir Spaß macht, zu dir und in deinen Alltag passt. Was nützt es, wenn du dir vornimmst, morgens einen Waldlauf zu machen, wenn du morgens nicht gut hochkommst? Was hast du davon, wenn du gerne an Geräten im Fitnessstudio trainieren möchtest, es dir aber zu teuer ist? Was bringt das beste Workout, wenn du lieber Fußball spielst? Und wenn du gar kein sportlicher Typ bist, wirst du sicher etwas anderes finden, was dich auf Trab bringt.

Du kannst dich frei nach Lust und Laune entscheiden. Jede Sportart tut dir gleich gut. Sie muss nicht unbedingt etwas kosten. Schwimmen, Radfahren, Bolzen, Spazierengehen, Wandern, Laufen, Seilspringen, Gymnastik, Tanzen und Rudern sind ganz bewährte Möglichkeiten, ohne großen Aufwand fit zu bleiben. Als Faustregel gilt: Hinterher sollte man sich frischer fühlen als vorher. Außerdem geben dir die meisten sportlichen Betätigungen die Möglichkeit, mit Gleichaltrigen Spaß zu haben und Freunde zu finden.

Wer sich viel bewegt, kann mehr essen ohne zuzunehmen. Gerade zu Beginn der Pubertät legen manche Jungen mächtig an Gewicht zu. Das liegt an der noch unregelmäßigen Hormonausschüttung, aber auch daran, dass sie oft das Falsche essen – etwa zu viel Pommes frites, Chips oder andere Kalorienbomben. Die richtige Auswahl der Nahrung ist entscheidend. Wer sich richtig ernährt, sorgt dafür, dass alles optimal ausgenutzt wird, ohne sich in Speck umzuwandeln. Lange Zeit dachte man, dass es so etwas wie ein Idealgewicht gäbe. Das bedeutet, dass zwei Menschen mit der gleichen Körpergröße das gleiche Gewicht haben müssten. Nach dieser medizinischen Theorie sollten alle Menschen ganz superschlank sein. Denn man glaubte, das sei die beste Voraussetzung für lange Gesundheit. Da ganz offenbar nur sehr wenige Menschen dieses Idealgewicht haben, wurde eine Fülle von Diäten erfunden, mit denen man sich dieses Gewicht erquälen soll.

Heute weiß man aber: Diät macht nicht nur krank, sondern auf Dauer auch dick. Je öfter jemand Diät hält, umso mehr. Der Körper versucht nämlich an der Diät vorbei sein ganz persönliches Gewicht zu halten, mit dem er sich am wohlsten fühlt, wahrscheinlich ist das auch das gesündeste Gewicht. Es liegt bei fast allen Menschen über dem Gewicht, das als ideal dargestellt wird.

Am Anfang pendelt das Gewicht noch zwischen dick und dünn. Sobald eine Diät abgebrochen wird, geht das Gewicht schlagartig wieder nach oben. Jo-Jo-Effekt nennt man dieses Auf und Ab der Pfunde. Das ewige Pendeln zwischen dick und dünn bringt das Gleichgewicht des Stoffwechsels nachhaltig durcheinander. Der Körper reagiert letztlich nicht mehr auf eine Diät, wie auch immer sie gestrickt ist. Er kämpft um seine Pfunde, indem er bei einer Diät den sogenannten Grundumsatz herunterschaltet. Das ist die Mindestmenge an Nahrungsenergie, die ein Mensch auch im Leerlauf braucht. Dein Organismus ist nämlich immer beschäftigt, ob du nun im Bett liegst, körperlich schuftest, Hausaufgaben machst oder ein Instrument spielst. Indem die Kalorien aus dem Essen einfach langsamer verbrannt werden, klammert sich der Körper an seine Fettreserven, als ginge es wie in früheren Hungersnöten um sein Leben. So kann es sogar kommen, dass man eher etwas zunimmt.

Natürlich kann es sein, dass jemand wirklich sehr viel wiegt und es besser ist, etwas abzuspecken. Da hilft aber keine Diät, sondern nur eine ausgewogene Ernährung mit viel Getreide, Hülsenfrüchten, Obst, Gemüse und regelmäßiger Bewegung.

// Wie viel Körperpflege braucht der Mann?

Natürlich muss jeder Mann sich regelmäßig waschen. Leider sind Erwachsene da nicht immer ein rühmliches Vorbild. Die Körperpflege wird Jungen häufig nicht so nachdrücklich beigebracht wie Mädchen. Selbst bei Erwachsenen soll es vorkommen, dass sie sich nicht einmal täglich waschen. Vom

Wechseln der Unterwäsche und der Socken ganz zu schweigen. Dabei riechen Männer ungewaschen keineswegs besser als Frauen. Ein ungepflegtes Glied hat beispielsweise eine säuerlich-bittere Ausdünstung.

Da die Platzverhältnisse bei den Geschlechtsorganen beengt sind, wird in diesem Bereich besonders viel Schweiß abgesondert – zwischen den Oberschenkeln und den Hoden. Weil sich Männer im Gegensatz zu Frauen nach dem Harnlassen nicht mit Toilettenpapier abtupfen und sich manchmal nicht einmal die Hände waschen, ist Intimhygiene für sie ganz besonders wichtig – auch aus gesundheitlichen Gründen.

Glied und Hodensack sollten morgens und abends mit viel Wasser und seifenfreier Lotion gewaschen werden. Ist die Lotion abgespült, wird die Vorhaut vorsichtig zurückgezogen, um die Eichel freizulegen. Dieser Bereich sollte nun gründlich mit lauwarmem Wasser gereinigt und anschließend mit einem Handtuch trocken getupft werden.

Jungen, die das Bedürfnis danach haben, können sich bedenkenlos öfter reinigen. Für unterwegs sind Öl- oder Feuchttücher zu empfehlen. Ganz besonders wichtig ist die gründliche Wäsche nach dem Geschlechtsverkehr. Und natürlich sind einige Tropfen Eau de Toilette für Männer oder Aftershave-Lotion auf dem frisch gewaschenen Körper verteilt genauso erregend wie eine duftende und pflegende Körperlotion.

Ansonsten sind für Jungen alle Pflegemaßnahmen gut, die normalerweise immer nur im Zusammenhang mit Mädchen erwähnt werden: ein warmes Bad, ein Saunabesuch, ausgiebiges Duschen oder Massagen tun Jungen bei Stress und Unwohlsein genauso wohl.

// Was soll ich tun, wenn ich denke, ich kann nicht mehr?

Teenager fühlen sich manchmal einsam und allein. Manchmal selbst dann, wenn eine Menge anderer Menschen um sie herum sind. Das ist völlig normal in dieser Zeit. Du wirst empfindsamer, musst lernen, Rückschläge einzustecken und dich mit negativen Gefühlen auseinanderzusetzen. Bei einigen schlagen diese Verlassenheitsgefühle in eine so tiefe Verzweiflung um, dass sie nicht mehr wissen, wie es mit ihnen weitergehen soll. Sie fühlen sich todtraurig und empfinden ihre Situation als ausweglos. Immer wieder kommt es vor, dass junge Menschen am Leben so verzweifeln, dass ihnen der Tod besser vorkommt als das Leben. Doch der Tod löst keine Probleme, er beendet sie nur. Viele junge Menschen, die über Selbstmord nachdenken, wollen wahrscheinlich gar nicht sterben, finden aber keinen Weg ins Leben zurück. Sie wollen nicht wirklich tot sein, nur nicht so weiterleben wie bisher. Sie sehnen sich in erster Linie nach Ruhe, Geborgenheit, Schlaf und Vergessen.

Wer seinem Leben selbst ein Ende setzen will, ist in einer ganz tiefen Krise – etwa mit sich selbst, seiner Familie, mit Liebeskummer oder Schulproblemen. Die Krise ist der Endpunkt einer längeren Leidensgeschichte, die manchmal schon in der Kindheit begonnen hat und eine Mischung von Leid, Kränkung, Trennung, Verlust, Gewalt, körperlichen und seelischen Schmerzen sein kann. Was wir als positives oder negatives Marschgepäck aus der Kindheit mitbringen, beeinflusst viele Dinge im späteren Leben. Wer schon einen schweren Rucksack trägt, hat es in den unüberschaubaren Wirbelstürmen des Erwachsenwerdens schwerer. Ein lebensmüder Jugendlicher fühlt sich vor allem von für ihn wichtigen Personen in seiner Umgebung nicht verstanden, nicht geliebt, nicht so angenommen, wie er ist. Das liegt oft auch daran, dass sich beide Eltern wenig Zeit nehmen für ihr Kind oder andere Probleme haben, wie Arbeitslosigkeit oder akute Geldsorgen, die sie so beschäftigen, dass sie ihr Kind nicht mehr richtig wahrnehmen. Die auslösende Situation in der Gegenwart ist also selten der wahre Grund für dieses totale »Ich kann nicht mehr«.

Jeder Versuch, sich selbst das Leben zu nehmen, ist ein Schrei nach Hilfe, nach dem Geliebt-werden-Wollen, nach Verständnis und besseren Beziehungen. Solltest du dich in einer solchen Krise befinden, kannst du ganz sicher sein: Es gibt immer Menschen, die sehr daran interessiert sind, dass du lebst. Wichtig ist, dass du darüber sprichst! Wenn du dich keiner Person aus deinem Umfeld anvertrauen möchtest, kannst du auch von bestimmten öffentlichen Vereinen Hilfe bekommen (Adressen findest du auf Seite 171). Welches Problem du auch immer hast, du kannst dir sicher sein, dass du nicht allein damit fertig werden musst. Es gibt kein Rezept für ein geglücktes Leben, aber es gibt Wege, die dorthin führen können, und Menschen, die dich gerne begleiten.

// wach

»Ich geh meine eigenen Wege, ein Ende ist nicht abzusehen. Eigene Wege sind schwer zu beschreiben, sie entstehen ja erst beim Gehn.« Diese Zeile aus einem Song schildert wahrscheinlich mehr als alles andere die Situation, in der du dich gerade befindest. Dein Ziel ist es, erwachsen zu werden und mit dir selbst im Einklang zu leben. Auf welchem Weg du dorthin kommst, kannst nur du bestimmen. Du weißt inzwischen, dass es viele verschiedene Wege gibt, die zu einem Ziel führen können. Es gibt viel zu entscheiden für dich in dieser Zeit. Du stellst viele wichtige Weichen für deine Zukunft. Die Tatsache, wie es dir gelingt, durch die Pubertät zu kommen, bestimmt über das ganze weitere Leben. Zum ersten Mal entscheidest du selbst, welchen Weg du nehmen wirst.

Obwohl dir für vieles noch die Verantwortung abgenommen wird, liegen dein körperliches und seelisches Wohlbefinden, deine Gesundheit, deine Bereitschaft zu einer erfüllten Partnerschaft und dein beruflicher Werdegang schon jetzt zum größten Teil in deiner Hand. Es kommt sehr darauf an, dass du wachsam mit dir selbst umgehst und gut auf dich achtest.

Die Pubertät ist aber nicht nur die Zeit des Aufbruchs, sondern auch des Abschieds: Du musst Abschied nehmen von deiner Kindheit, ohne zu wissen, worauf du zugehst. Du musst Abschied nehmen von Vertrautem, Verlässlichem, Selbstverständlichem. Das geht mal sanfter, mal abrupter. Du musst auch Abschied nehmen von deinem glatten Kinder-Ich, deine eigenen Höhen und Tiefen durchleben. Damit ist ein gewisses Eingeständnis von Schwäche und Mittelmaß verbunden, aus dem eine gesunde Demut erwachsen kann.

Das ist für junge Männer ganz besonders schwierig. Denn es wird vielfach immer noch von ihnen erwartet, dass sie den unverletzlichen Helden spielen. Wir wissen, dass man das nicht sein kann, ohne seine Seele zu verkaufen, ohne auf einen ganz wichtigen Teil seiner Persönlichkeit, seines Lebensglücks und seiner Lebensmöglichkeiten zu verzichten. Denn sonst bleibt sie nur eine mit gewaltigen Gebärden übertünchte leere Hülse.

Die meisten von uns können bestimmte Dinge gut, andere wiederum gar nicht. Und immer wieder kommt es vor, dass man sich etwas wirklich vornimmt, dann aber nicht konsequent genug ist und vorher schlappmacht. Alle Menschen sind, völlig unabhängig vom Geschlecht, gut gemixt mit Stärken und Schwächen versehen. Erst diese Mischung macht das Leben spannend. Während du dich jetzt entwickelst, siehst du deine schwachen Stellen bestimmt manchmal überdeutlich – vielleicht mehr als deine positiven Seiten.

Du wirst mit der Zeit erkennen, was du an dir verändern möchtest, aber auch lernen, wo du dir etwas nachsehen musst und willst. An dem Punkt, wo du sagst: So bin ich und nicht anders, und das finde ich auch gut so, hast du aus eigenen Schwächen deine eigene Stärke gemacht. Die Kunst des Erwachsenwerdens liegt in der Erkenntnis: Sei du selbst und ehrlich in allem, was du tust, denkst und fühlst. Und sei gut zu dir. Denn du bist das Beste und Verlässlichste, was dir auf den Lebensweg mitgegeben wurde!

// weiter

// Wo finde ich Hilfe, wenn ich welche brauche?

Der Verein Nummer gegen Kummer ist die Dachorganisation des größten kostenfreien telefonischen Beratungsangebotes für Kinder, Jugendliche und Eltern in Deutschland und ist unter den einheitlichen Rufnummern 116111 und (0800) 1110333 erreichbar. Die Anrufe werden auf derzeit 94 regionale Standorte verteilt und dort von ehrenamtlichen, speziell für diese Aufgabe ausgebildeten Beratern entgegengenommen.

Wenn du nicht anrufen möchtest, kannst du dich auch in einem passwortgeschützten Internetportal anonym anmelden.

Zusätzlich gibt es an elf Standorten auch das Jugendliche-beraten-Jugendliche-Projekt (JBJ). Die Jugendlichen sind zwischen 16 und 21 Jahre alt und erhalten vor ihrer Beratungstätigkeit, genau wie die erwachsenen Berater, eine rund 80-stündige psychologische Ausbildung. In München trägt »Jugendliche beraten Jugendliche« den Beititel Teens on phone. Im Rahmen des Safer Internet Programms der EU wurde das Kinder- und Jugendtelefon von Nummer gegen Kummer auch eine Anlaufstelle für alle Sorgen rund um das Internet. Um Anrufer zu diesem Thema kompetent beraten zu können, wurden alle Ehrenamtlichen anhand der EU-Initiative www.klicksafe.de nachgeschult.

Kinder und Jugendliche, die in Not sind, Liebeskummer, Schulstress oder Probleme mit den Eltern haben, können auch das Sorgentelefon des Deutschen Kinderschutzbundes anrufen. Unter den Telefonnummern (0800) 1110111 und (0800) 1110222 sind die Sorgentelefone bundesweit in vielen

Städten zu erreichen, ebenfalls gebührenfrei in Österreich unter Tel. (0800) 20 14 40 und in der Schweiz unter Tel. (0800) 55 42 10.

Unter den Stichworten »Telefonseelsorge«, »Kindernotdienst«, »Krisenberatung«, »Kinderkummer«, »Kindersorgentelefon« oder »Sorgentelefon« stehen im Internet oder in jedem Telefonbuch noch mehr Beratungsstellen, die man zum Teil rund um die Uhr anrufen kann. Du kannst dich auch an das Jugendamt wenden, deine Kirchengemeinde, die Caritas und das Diakonische Werk. Wenn du an deinem Ort nichts findest oder dort nicht anrufen möchtest, kannst du auch in einer anderen Stadt anrufen. Man wird auf alle Fälle ein offenes Ohr für dich haben und dir weiterhelfen.

Im Folgenden werden einige weitere Institutionen aufgeführt, an die du dich wenden kannst, wenn du Sorgen oder Probleme hast. Bitte bedenke aber, dass es sich nur um einige ausgewählte Institutionen handelt und sich die Adressen oder Telefonnummern möglicherweise ändern können.

Für Jugendliche mit seelischen Problemen:

Kinder- und Jugendtelefon des Deutschen Kinderschutzbundes (Bundesweite Sondernummer bei allen Sorgen und Problemen, ob mit Schule, Eltern, Freund oder Freundin)
(0800) 111 03 33 (kostenfrei)
www.nummer-gegen-kummer.de
und www.teensonphone.de

Telefonseelsorge (kostenfrei)
(0800) 111 01 11 (evangelisch)
(0800) 111 02 22 (katholisch)
www.telefonseelsorge.de

Jugendnotdienst
Mindener Str. 14
D-10589 Berlin-Charlottenburg
(030) 61 00 62
www.berliner-notdienst-kinderschutz.de

Kinderschutzzentrum Berlin
Familienberatungsstelle
(030) 683 91 10
(0800) 111 04 44
www.kinderschutz-zentrum-berlin.de

Krisendienst (Weitervermittlung)
(030) 390 63 00
www.berliner-krisendienst.de

Emotions Anonymous
(EA für Kinder)
EA-Kontaktstelle Deutschland
Katzbachstr. 33
D-10965 Berlin
(030) 68 83 46 63
www.emotionsanonymous.de

Beistand gegen Sekten-Unwesen:

Aktion für Geistige und Psychische Freiheit Bundesverband Sekten- und Psychomarktberatung e. V.
Grabenstraße 1
D-53579 Erpel
(02644) 980 130
www.agpf.de
(bietet Vermittlung zu geeigneten Beratungsstellen an)

Evangelische Zentralstelle für Weltanschauungsfragen
Auguststraße 80
D-10117 Berlin
(030) 283 95 211
www.ekd.de/ezw

Sekten-Info Essen e. V.
Rottstr. 24
D-45127 Essen
(0201) 23 46 46
www.sekten-info-nrw.de

Bei Vergewaltigung und sexuellem Missbrauch:

Inzwischen gibt es auch in fast jeder kleineren Stadt Beratungsstellen oder Selbsthilfegruppen für Mädchen und Jungen in Not. Man kann sich im Internet, beim Jugendamt, der pro familia oder anderen größeren Organisationen danach erkundigen. Übrigens können Jungen heute auch in den Häusern Hilfe erwarten, die sich ursprünglich nur um Mädchen kümmerten.

Arbeitsgemeinschaft Deutscher
Frauen- und Kinderschutzhäuser
Waldstr. 6
D-30916 Isernhagen

Zartbitter e. V.
Kontakt- und Informationsstelle
gegen sexuellen Missbrauch an
Mädchen und Jungen
Sachsenring 2
D-50677 Köln
(0221) 312055
www.zartbitter.de

Wildwasser Berlin e. V.
Dircksenstr. 47
D-10178 Berlin
(030) 2824427
www.wildwasser-berlin.de

Schattenriss e. V.
Waltjenstraße 140
D-28237 Bremen
(0421) 617188
www.schattenriss.de

Bundesarbeitsgemeinschaft
Prävention & Prophylaxe e. V.
Hartzlohplatz 5
D-22307 Hamburg
(040) 18033608
www.praevention.org

Dunkelziffer e. V.
Albert Einstein Ring 15
D-22761 Hamburg
(040) 42107000
www.dunkelziffer.de

Allgemeine Beratungs- und Krisenstellen:

Bundesarbeitsgemeinschaft
Kinder- und Jugendschutz e. V.
(BAJ) und Deutscher Bundes-
jugendring
Mühlendamm 3
D-10178 Berlin
(030) 40040400
www.dbjr.de

Bundeskonferenz für Erziehungs-
beratung – Der Fachverband
für Erziehungs-, Familien- und
Jugendberatung
Herrnstr. 53
D-90763 Fürth
(0911) 977140
www.bke-beratung.de
(bieten auch einen Chat, Forum
und E-Mail-Beratung an)

Kinderschutzzentrum
Emilienstr. 78
D-20259 Hamburg
(040) 4910007
www.kinderschutzzentrum-hh.de
(Kinderschutzzentren gibt es auch
in vielen anderen Städten!)

Internationale Jugendgemein-
schaftsdienste e. V.
Kaiserstraße 43
D-53113 Bonn
(0228) 228000
www.ijgd.de

Deutsche Arbeitsgemeinschaft
Selbsthilfegruppen
Otto-Suhr-Allee 115
D-10586 Berlin-Charlottenburg
(030) 8934014
www.dag-shg.de

Verein für Internationale Jugend-
arbeit e. V.
Urbanstr. 44
D-70182 Stuttgart
(0711) 5188 5875
www.vij.de

Bei Drogenproblemen:

Die großen Kirchen haben meist
eigene Hilfs- und Beratungsstellen
für Drogenprobleme, ebenso die
örtlichen Gesundheitsbehörden.
Erkundigen kann man sich auch
beim Jugendamt. Die Bundes-
länder haben jeweils einen
Drogenbeauftragten.

Drogen-Notdienst:
(030) 19237
www.drogennotdienst.org

Tag-und-Nacht-Telefon-Notruf für
Suchtgefährdete in München
Notruf-Nr. (089) 282822
Beratungs- und Therapiezentrum
(089) 2420800

Bundeszentrale für gesundheitliche Aufklärung (BzgA)
Ostmerheimer Straße 220
D-51109 Köln
(0221) 89920
www.bzga.de

Deutsche Hauptstelle für Sucht-
fragen e. V. (DHS)
Westring 2
D-59065 Hamm
(02381) 90150
www.dhs.de

Fachverband Drogen und
Rauschmittel e. V. (fdr)
Gierkezeile 39
D-10585 Berlin
(030) 8540 0490
www.fdr-online.info

Gesellschaft gegen Alkohol- und
Drogengefahren e. V. (GAD)
Wolkensteinerstr. 1
D-09518 Großrückerswalde
(03735) 660770
www.gad-sachsen.de

Verband ambulanter Behand-
lungsstellen für Suchtkranke und
Drogenabhängige e. V. (VABS)
Karlstraße 40
D-79104 Freiburg
(0761) 200363
www.caritas-suchthilfe.de

Anonyme Alkoholiker (AA)
Bundesweit: 19295
www.anonyme-alkoholiker.de/
young.html
(Online Meetings möglich)

Bei Verhütungsfragen und
sexuellen Problemen:

Bundesverband der pro familia
Stresemannallee 3
D-60596 Frankfurt
(069) 2695 7790
www.profamilia.de
(pro-famila-Einrichtungen gibt's in
jeder größeren Stadt)

Deutsche AIDS-Hilfe e. V.
Wilhelmstr. 138
D-10963 Berlin
(030) 6900870
www.aidshilfe.de

Aids-Telefon
Bundeszentrale für gesundheitliche Aufklärung
Ostmerheimer Str. 220
D-51109 Köln
(01805) 55 54 44
www.bzga.de

Institut für Lebens- und Sexual-
beratung DGSS (Beratungsdienst
für homosexuelle Männer)
Gerresheimer Str. 20
D-40211 Düsseldorf
(0211) 35 45 91
www.sexologie.org

Sonstige Adressen:

Infos zum freiwilligen
sozialen Jahr
www.pro-fsj.de

Infos zum freiwilligen
ökologischen Jahr
www.foej.de

Infos zu Schüleraustausch-
Stipendien
www.schueleraustausch-
portal.de/stipendien/
finanzierungshilfen/

Bei Web-Problemen,
Cybermobbing:

www.youpod.de
(vertrauliche E-Mail-Beratung)

www.kijumail.de
(Online-Portal der Nummer-
gegen-Kummer-Organisation)

www.youth-life-line.de
(geschulte Jugendliche beraten
Jugendliche)

www.junoma.de
(Beratung auf Deutsch und
Türkisch)

www.schulpsychologie.de
(Hier kannst du den für dich
zuständigen Schulpsychologen
finden.)

www.bke-beratung.de
(Beratung, Chat möglich)

www.weisser-ring.de
(Beratung für Opfer von Krimi-
nalität und deren Familien)

www.hungrig-online.de
(Info und Beratung bei Ess-
störungen)

// Österreich

Aids Hilfe Haus Wien
Mariahilfer Gürtel 4
A-1060 Wien
(01) 5 99 37
www.aids.at

Anonyme Alkoholiker Zentrale
Kontaktstelle Wien
Barthgasse 5
A-1030 Wien
(01) 799 55 99
www.anonyme-alkoholiker.at

Kindertelefon
Rüdengasse 11
A-1030 Wien
(01) 3196 66 66

Change
Beratungsstelle für drogen-
gefährdete Jugendliche
Theresiengasse 9 / Tür 6
A-1180 Wien
(01) 406 23 02

DIALOG
Hilfs- und Beratungsstelle für
Suchtgiftgefährdete und deren
Angehörige
Hegelgasse 8
A-1010 Wien
(01) 512 01 81 81
www.dialog-on.at

p. a. s. s.
Hilfe bei Suchtproblemen
Alserstr. 24/11a
A-1090 Wien
(01) 714 92 18
www.pass.at

SIGIS
Service und Informationsstelle
für Gesundheitsinitiativen und
Selbsthilfegruppen
Fonds »Gesundes Österreich«
Aspernbrückengasse 2
A-1020 Wien
(01) 895 04 00
www.fgoe.org

Servicestelle für Selbsthilfegruppen
Kendlerstr. 40 a
A-1160 Wien
(01) 53 11 48 55 15

Österreichischer Kinder-
schutzbund
Obere Augartenstr. 26–28
A-1020 Wien
(0) 699 81 51 38 11
www.kinderschutz.at

Gesellschaft gegen Sekten-
und Kultgefahren
Obere Augartenstr. 26–28
A-1020 Wien
(01) 332 75 37
www.sektenberatung.at

Bundesministeriums
Familie und Jugend
(Auskunft und Information zu
Beratungsstellen)
Franz-Josefs-Kai 51
A-1010 Wien
(01) 71 10 00
www.bmfj.gv.at

Kinderschutzzentrum
»die möwe«
Börsegasse 9/11
A-1010 Wien
(01) 532 14 14
www.die-moewe.at

Beratung bei
Web-Problemen,
Cybermobbing:

rataufdraht@orf.at

www.junoma.de
(Beratung auf Deutsch und
Türkisch)

Aids-Hilfe Schweiz
Konradstr. 20
CH-8031 Zürich
(01) 4471111
www.aids.ch

Bundesamt für
Gesundheitswesen
Koordinationsstelle für
Drogenfragen
Schwarztorstr. 96
3003 Bern
(031) 3238790
www.bag.admin.ch

Schweizerische Fachstelle für
Alkohol- und andere Drogenprobleme (SFA)
Avenue Louis-Ruchonnet 14,
CH-1003 Lausanne
(021) 3212911
www.sfa-ispa.ch

Nottelefon bei sexuellem Missbrauch (Basel)
(061) 2618989

pro familia
Marktgasse 36
CH-3001 Bern
(031) 3819030
www.profamilia.ch

Verein Drogenentzug und
Drogenhilfe
Langstr. 116
CH-8004 Zürich
(01) 2915588

Pro Juventute
147
www.147.ch
(Kontakt per Anruf, SMS, E-Mail
und Chat möglich)

Informations- und Beratungsstelle für Sekten- und Kultfragen
(infoSekta) e.V.
Streulistr. 28
CH-8032 Zürich
(01) 4548080
www.infosekta.ch

adebar, Familien-, Sexual- und
Schwangerschaftsberatung
Sennensteinstr. 5
CH-7000 Chur
(081) 2503438
www.adebar-gr.ch

Beratung bei
Web-Problemen,
Cybermobbing:

www.kopfhoch.oh

www.junoma.de
(Beratung auf Deutsch und
Türkisch)

—